la fabuleuse aventure des hommes et des animaux

la fabuleuse aventure des hommes et des animaux

Boris Cyrulnik
Karine Lou Matignon
Frédéric Fougea

Éditions du Chêne

sommaire

avant-propos

Aventures humaines et mondes Animaux

Si nous avons dépensé une grande énergie pour nous arracher à notre condition animale, nous n'avons pourtant jamais réussi à vivre sans les animaux. C'est dans leur mise à mort à la chasse et dans le partage de leur chair que les fondements de la société humaine ont pris racine. En dominant la bête, incarnation du sauvage, l'humain maîtrisait enfin la nature et la vie. Puis l'homme s'est servi des dons des animaux, ces êtres étranges, détenteurs de pouvoirs qu'il n'a pas. Fasciné par leur rapidité, leur vue, leur agilité, il s'est approprié leurs talents en les apprivoisant. Une surprenante alliance a vu le jour, s'est répétée partout dans le monde, à toutes les époques et avec différents animaux. Avec leur domestication sont nées les premières civilisations puis, de croyances symboliques en mythes fondateurs, les animaux ont marqué notre imaginaire et animé nos discours, pour le meilleur et parfois aussi pour le pire. Mais comment cette histoire a-t-elle bien pu commencer ? Qui de l'homme ou de l'animal s'est laissé envoûter par l'autre aux origines ? À quoi ressemble le monde mental des animaux et pouvons-nous communiquer avec eux ?

Formidable révolution, les fantastiques avancées de la science nous ont permis depuis peu d'entrer dans l'univers intime des bêtes, de le décrire et, de fait, d'admettre enfin qu'une pensée sans parole les habite. Si les animaux vivent dans un monde qui leur est propre, il existe cependant des connexions entre eux et nous qui favorisent une complicité et un ensorcellement réciproques. On sait désormais que les postures, les odeurs, les sons, le toucher et les regards sont autant de passerelles sensorielles qui président à la manière dont l'homme et l'animal peuvent interagir et « s'entre-percevoir ». Nous partageons avec eux un héritage biologique et comportemental, et c'est en les observant que nous comprenons et repensons notre place dans ce monde. Ce qui ne veut pas dire qu'il faille mêler nature humaine et nature animale. C'est d'ailleurs là tout l'enjeu de l'éthologie comparée, cette science des comportements : souligner les correspondances certes, mais sans projeter sur les animaux nos croyances et nos fantasmes. Les frontières que nous avions érigées entre leur monde et le nôtre s'estompent donc à mesure que s'enrichissent nos connaissances et que nous redécouvrons, par ailleurs, la nature profonde des liens qui unissent depuis toujours certains peuples au monde animal.

aux Origines d'une complicité

L'homme est un explorateur.

Poussés par une curiosité intellectuelle et une incroyable fascination pour le monde vivant, nos ancêtres ont jadis mis un terme à leur solitude en se rendant complices des animaux. Cette promiscuité ne s'est pourtant pas opérée du jour au lendemain. Elle a été progressive, entretenue, nourrie d'observations assidues et d'apprivoisements. Cette cohabitation a débuté avec le loup et s'est élargie bien plus tard à d'autres espèces animales par le plus grand des hasards. Pouvions-nous savoir à quel point les animaux allaient bouleverser notre destinée et participer au développement de notre civilisation ?

Fascination mutuelle

Apprivoisé puis domestiqué, le loup s'est transformé en chien. Ce dernier a accompagné l'homme à la chasse, puis gardé ses troupeaux lorsque celui-ci s'est sédentarisé. L'homme et le chien tissent encore de nos jours une relation provenant d'une cohabitation ancestrale.

Province de Safi, royaume du Maroc. Beauté austère des reliefs et rondeurs arides des dunes. Un frisson semble parcourir la peau lustrée du sloughi. Les muscles sont plats, les aplombs solides. Dans son œil couleur topaze brûlée, on voit flotter la lueur de l'aube, l'heure où les lièvres manquent de vigilance. Un mouvement aura suffi derrière un maquis d'herbes sèches. Vif comme l'éclair, le limier colle bientôt au train de l'animal, le saisit par les oreilles, secoue la tête et l'offre, étourdi mais bien vivant, à son maître. Ces paysages aux cent visages abritent une histoire à fleur de sable, une alliance qui, depuis des millénaires, rappelle à la mémoire que le sloughi, lévrier arabe d'Afrique du Nord, n'est pas un chien comme un autre, qu'il a jadis été couvert de bijoux et allaité par les femmes, et que, dès l'Antiquité, il n'a jamais trouvé son égal pour chasser la gazelle de montagne, la hyène et l'autruche. Des représentations rupestres qui remontent à 8 000 ans av. J.-C., sur les parois des grottes du Tassili n'Ajjer dans le Sahara, représentent déjà ce type de chien, aux formes minces et allongées. Par ses qualités de chasseur et sa noblesse, il est considéré comme une créature unique. Ce statut particulier lui donne le privilège d'entrer sous la tente de l'homme, Bédouin ou Berbère, de partager la couche de son maître s'il a froid et de protéger du chacal ses troupeaux de chèvres. Il est le seul chien admiré par la culture islamique qui juge généralement cet animal impur pour sa sexualité débridée et sa tendance à se nourrir de déchets. Il est dit d'ailleurs que causer la mort d'un tel chien est aussi grave que de tuer sept humains et que l'honneur d'un homme ne vaut rien s'il ne sait percevoir le chagrin de son fidèle sloughi. D'où vient donc cette fascination ? Comment l'homme et le chien se sont-ils rencontrés ?

Sur la piste du loup

Pendant longtemps, les hommes chasseurs-collecteurs et les loups ont partagé des territoires identiques, ont suivi ensemble les migrations des herbivores, se sont disputé les mêmes gibiers. La présence de nombreux ossements de loups sur des lieux d'occupation humaine témoigne de cette cohabitation, à Tautavel entre 700 000 et 100 000 ans avant notre ère, à Boxgrove dans le Kent il y a 400 000 ans, à Nice dans la grotte du Lazaret voilà 125 000 ans et dans la grotte de Fontanet (Pyrénées) il y a 12 000 ans. En se côtoyant, leurs rapports ont évolué, ce qui a induit un changement dans l'existence de chacun. Même si rien ne peut nous en fournir une certitude absolue, on peut tout à fait imaginer que nos ancêtres aient appris à chasser en observant la stratégie de loups lancés à la poursuite d'une proie. Le comportement de ces animaux varie d'une meute à l'autre et

Page précédente
Les origines des liens entre l'homme et le chien constituent l'une des alliances les plus lointaines.
En tant que mammifères sociaux, tous deux ont besoin d'établir des échanges.

Ci-contre
Curieux de nature, le loup a sans doute été le premier animal captivé par les hommes dont il épiait les faits et gestes.

Ci-dessous
Le lévrier est parmi les plus rapides des chiens et aucun gibier ne peut lui résister à la course. Utilisé depuis toujours par les hommes pour chasser à vue, il répond, comme la plupart de ses congénères canins, à une adaptation innée à la chasse.

Ci-contre
Dès l'instant où les humains ont transformé le loup en chien, ils l'ont spécialisé. Certains l'ont été pour la chasse, comme le sloughi au Maroc, où son utilisation pour capturer le gibier est ancestrale.

tous ne procèdent pas avec une grande efficacité. La plupart d'entre eux adopte même une conduite brouillonne. Toutefois, ils chassent généralement en groupe structuré autour d'un couple dominant. Farley Mowat, observateur de l'espèce, raconte comment les loups usent d'une tactique quasiment militaire. Ils encerclent une horde et l'affolent à la course pour détecter la proie la plus lente. Parfois, ils leur arrivent même de tester l'endurance et les réflexes des herbivores durant plusieurs jours. Dès qu'un animal est choisi, le dominant lance alors l'assaut et la meute se partage immédiatement le travail. Les animaux les plus lents, dominant en tête, progressent d'abord dans le vent sans crainte d'être perçus par le gibier. Pendant ce temps, d'autres plus souples et plus rapides le contournent et rampent à l'opposé de leurs congénères. Les loups découverts chargent le gibier, lequel fait volte-face et s'enfuit pour finir par se jeter dans la gueule des autres loups qui font barrage. Dès que l'animal est mis à mort, le dominant festoie le premier sous le regard des autres qui patientent. Cette organisation a probablement inspiré les hommes pour s'associer et se différencier, c'est-à-dire se spécialiser pour mettre au point une technique de chasse, à l'origine des fondements de la société. Nos ancêtres ont dû convenir entre eux de signes gestuels afin de surprendre les chassés, chacun respectant sa place dans le clan pour agir au meilleur moment et partager ensuite la chair, selon une hiérarchie précise, en fonction du statut social de chacun. Il est même possible que ces premiers chasseurs ont eu aussi l'idée de s'embusquer sur le parcours des proies poursuivies par le loup, et profiter ainsi de l'affolement des bêtes pour en capturer une. Une tolérance qui n'a pourtant pas empêché ces deux espèces, aux comportements sociaux si proches, d'être en quelques occasions d'impitoyables prédateurs l'une pour l'autre. Si dans certaines situations, des hommes ont été attaqués par des loups, ces derniers ont été, quant à eux, régulièrement chassés pour vêtir les communautés humaines.

le lévrier des Baléares

D'origine égyptienne ou arabe, le lévrier des Baléares figure déjà aux côtés des hommes dans les chasses au lièvre décrites il y a vingt-quatre siècles par le général athénien Xénophon. Cette association repose essentiellement sur le silence, l'écoute et l'observation. Les mouvements du corps et de la queue de l'animal suffisent à renseigner l'homme. De la même manière, les gestes et rictus de ce dernier composent un langage dont chaque signe est immédiatement perçu par le lévrier. Un dialogue muet s'établit ainsi entre l'homme et le chien.

Ci-dessus
Les animaux proches de l'homme ont été dessinés avec une certaine distance, contrairement aux peintures d'animaux sauvages riches en détails éthologiques. On peut supposer que les hommes étaient bouleversés par les animaux qu'ils chassaient et non par ceux qu'ils côtoyaient chaque jour, comme les chiens. (Gravure néolithique. IVe millénaire av. J.-C. Italie.)

Double page suivante
Pour leur puissance et leur résistance au combat, les molosses accompagnaient l'homme à la guerre comme à la chasse au gros gibier. Ici, départ pour la chasse d'Assurbanipal vers 645 av. J.-C.

Certains spécialistes du loup, comme l'Américain David Mech, supposent que l'origine des liens entre l'homme et cet animal pourrait remonter à près de 2 millions d'années. L'alliance, celle qui aboutira au chien, et précédera toute autre domestication, n'aura pourtant lieu qu'aux alentours de 12 000 ans av. J.-C. dans les régions arctiques et entre 10 000 et 8 000 ans av. J.-C. au Moyen-Orient et dans le Nord de l'Europe (les premiers restes de chiens domestiques, découverts en Palestine, datent de 9 500 ans av. J.-C.). Les hommes se sont-ils approprié le loup par nécessité ? Cette hypothèse est peu probable, car il aurait fallu pour cela que nos ancêtres chasseurs-cueilleurs envisagent déjà un projet défini. Quel a donc été le moteur ? Il est possible que leur rencontre soit en définitive le résultat d'une cohabitation combinée à une attirance mutuelle. Avec le temps, les loups ont été séduits par les hommes en se rapprochant peu à peu des campements. Ils se sont laissés envoûter, attirés tant par leurs déchets que par leurs formes, leurs odeurs et leurs caresses. Quant aux humains, ils ont sans doute dû recueillir un jour des louveteaux orphelins qu'ils ont confiés aux femmes afin qu'elles les allaitent ou mastiquent pour eux de la nourriture, comme c'est encore le cas aujourd'hui dans certaines cultures. Les toutes premières semaines de la vie d'un animal jouent en effet un rôle décisif dans la formation des liens sociaux que celui-ci entretiendra par la suite avec son environnement. Or, l'empreinte humaine modifie considérablement le comportement de l'animal. Par l'apport de nourriture et par le contact physique, un attachement réciproque peut se tisser. Les jeunes s'identifient à leur famille adoptive et sont ensuite capables de la suivre dans ses déplacements. Il est plausible d'imaginer que les hommes ont alors gardé les animaux les plus dociles et les plus obéissants. En opérant des sélections, les loups se sont peu à peu transformés en chien au fil des générations (un animal est considéré comme domestiqué lorsqu'il a été apprivoisé puis transformé tant sur le plan morphologique que psychologique par des croisements sélectifs. Ce processus nécessite évidemment d'être pratiqué sur le long terme.)

Le chien : un pisteur né

Le partenariat entre l'homme et le chien va donc se montrer fécond et, du reste, se justifier amplement lorsque d'importants changements climatiques vont bouleverser l'environnement physique humain à la fin du Paléolithique supérieur. Avec la disparition des herbivores de plaine (rennes, bisons, chevaux et mammouths) dûe à une extension des forêts, l'homme est contraint, pour se nourrir, de se rabattre sur de nouvelles espèces, plus rapides à la course, comme le lièvre, les oiseaux, le cerf ou l'antilope. Pour cela, il invente l'arc et les flèches et s'assiste de son nouveau partenaire, véritable pisteur né, doué pour traquer, lever et pourchasser le gibier. Fort d'un réflexe inné de poursuite, une fuite ou un signe de nervosité suffisent en effet à déclencher chez lui une attaque. Capable de capter le moindre mouvement, il peut repérer un geste de la main à plus d'un kilomètre de distance et identifier l'état

le respect des peuples chasseurs

Dans de nombreuses populations, le loup est admiré pour son aptitude à la chasse. Il est aussi considéré comme une sorte de médecin de la nature, capable, en repérant et en consommant les animaux malades, de maintenir un équilibre écologique pour le bien de tous. Des études menées dans le Michigan sur une période de quarante ans ont montré que lors d'un hiver rude, les meutes tuent trois fois plus d'élans qu'au cours d'un hiver plus clément. Moins nombreux à brouter, les cervidés laissent alors les jeunes arbres de la forêt se développer.

" Confronté au loup, l'homme s'est révélé à lui-même.
En le tuant pour s'en défendre ou se vêtir,
il était enfin capable de maîtriser la vie.
En l'apprivoisant, il mettait un terme à sa solitude. "

physique d'une bête. L'acuité olfactive du chien est remarquable, cent mille fois supérieure à la nôtre. Son nez est tapissé de millions de cellules sensibles à la moindre émission de phéromones (hormones émises par les glandes), qui sont les signaux les plus répandus dans le règne animal. Il possède en outre, comme d'autres mammifères, un organe particulier que l'on appelle « voméronasal », situé à l'avant du palais, qui transmet au cerveau des informations gustatives et olfactives avec une finesse très pointue. C'est ce qui lui permet de distinguer un homme d'un autre, de détecter la nervosité et la peur chez un être humain ou chez un animal, de repérer un cadavre immergé dans l'eau ou une femelle en chaleur à des dizaines de kilomètres. Grâce à ces aptitudes, nos ancêtres ont sans doute trouvé auprès de leurs compagnons les mêmes avantages que les populations actuelles de chasseurs-cueilleurs. On sait, par exemple, qu'en Afrique, un Bochiman accompagné de chiens ramène trois fois plus de gibier que plusieurs autres membres de sa tribu partis chasser sans partenaire. Le peuple Zandais collabore avec le chien basenji (terrier du Congo) connu pour son incapacité à aboyer.

Conséquences de la domestication

Au Proche-Orient et sur les bords de la Méditerranée (Palestine, Iran, Turquie et Grèce), le chien du Néolithique a participé activement à la protection et à la garde du troupeau contre le loup, lequel va devenir bien plus tard l'incarnation du mal. L'alliance avec l'homme n'a pas été sans conséquences puisqu'au fil des sélections, de nettes transformations sont apparues chez le chien : développement d'un comportement juvénile, diminution de la taille des dents carnassières, du museau et des pattes. Dépendant de sa famille humaine pour se nourrir, le chien, sorte d'éternel adolescent, se comporte en effet comme un loup immature. Il rampe, joue, gémit, aboie – l'aboiement chez les louveteaux ou chez les jeunes coyotes disparaît à mesure qu'ils grandissent –, quémande de la nourriture, se montre jovial et provocateur et attire sur lui l'attention. Toutefois, si la domestication a infantilisé le chien, son humanisation lui a, en revanche, donné accès à un apprentissage à long terme et, par conséquent, lui a permis de réaliser des progrès et des performances intellectuelles bien meilleures que celles de ses congénères en milieu sauvage, contraints à résoudre des problèmes de survie immédiats.

Guerriers et compagnons

L'histoire du chien s'est écrite avec l'évolution culturelle de chaque civilisation. Bien avant que les chiens ne soient élevés pour répondre à des critères de beauté, les hommes ont cherché à sélectionner chez eux ce qui était susceptible de leur être utile dans leur vie de tous les jours. Ils les ont donc spécialisés et façonnés afin de répondre à divers usages. C'est ainsi qu'ils se sont attaché à développer progressivement certains caractères prédominants, et à privilégier telle ou telle aptitude. L'ensemble des caractères morphologiques et psychiques ont été ainsi déterminés en rapport avec la fonction attendue : corps trapu du terrier lui permettant de

La légende dit que Remus et Romulus auraient été sauvés par une louve qui les allaita. Le mythe n'est pas si éloigné de la réalité historique. Longtemps, les Romains ont été des agriculteurs défiés par leurs voisins, les Sabins, de fiers chasseurs et guerriers, vouant un culte au loup. À l'affrontement, les Romains préférèrent l'union. Dès lors, Remus et Romulus symbolisèrent les deux clans réunis et jumelés au sein de Rome, la louve.

nourrices d'animaux

L'allaitement des animaux par les femmes est une pratique courante dans de nombreuses populations indiennes d'Amazonie ou horticultrices de Mélanésie, et de manière sporadique en Tasmanie, en Australie, en Afrique, en Océanie et en Asie du Sud-Est. Les femmes nourrissent au sein, pour leur éviter la mort, des pécaris (cochons sauvages), des chiots, des singes, des agneaux, des petits cervidés et même des castors ou des ratons laveurs, qu'ils soient domestiques ou sauvages. Les jeunes animaux recueillis par ces sociétés de chasseurs-cueilleurs deviennent la plupart du temps des animaux de compagnie. Mais l'allaitement des animaux procède aussi d'autres usages que la domestication. En France, au XIXe siècle, les chiots tétaient les femmes pour les soulager d'une trop grande production de lait ou, au contraire, pour en faciliter la montée. Une pratique qui relève encore de la puériculture locale dans certaines sociétés de chasseurs-cueilleurs.

Cette femme allaitant deux chiots témoigne d'une technique domesticatoire encore utilisée dans certaines populations. De ce contact corporel dépend un attachement qui élève ensuite l'animal au rang de compagnon.

les chiens **marrons**

On dit d'un chien qu'il est « marron » lorsqu'il est retourné à la vie sauvage. C'est le cas des chiens pariahs d'Inde, du basenji du Congo, du chien chanteur de Nouvelle-Guinée, du dingo australien. Après plusieurs générations, ils ont tendance à se comporter comme leurs ancêtres les loups. Deux chercheurs, David Mac Donald et Luigi Boitani, ont suivi pendant près de vingt ans des populations de chiens sans maître, vivant dans les forêts des Abruzzes, en Italie centrale. Ils ont constaté qu'ils vivaient en meute et que leur organisation sociale et territoriale s'apparentait, au bout de plusieurs générations, à celle des loups.

" Plus qu'un compagnonnage,
il y a entre l'homme et le chien,
les principaux ingrédients
d'un véritable mariage :
le meilleur et le pire. "

JEAN-PIERRE DIGARD

pénétrer les gîtes des animaux chassés pour les débusquer ; ténacité du chien de chasse ou du chien d'arrêt qui se tétanise quand il sent le gibier... Il y a 5 000 ans existaient déjà : les chiens de berger, généralement de couleur blanche afin que l'homme les distingue aisément du prédateur à la tombée du jour ou à l'aube ; les lévriers aux pattes déliées nécessaires pour la course ; les molosses utilisés pour le combat et les chiens miniatures, maternés par la bourgeoisie. D'autres, au sort moins envié, furent destinés à la viande de boucherie. Élevé pour sa chair et sa peau dans toute l'Europe du Néolithique, le chien a, en effet, été consommé jusqu'à la Seconde Guerre mondiale en Allemagne et en Suisse et, du reste, le demeure encore de nos jours dans certaines régions d'Asie.

Dans la Rome Antique, les molosses participent aux jeux du cirque. C'est dans l'arène qu'ils combattent les ours et les lions, quand ils ne gardent pas, comme en Grèce, les troupeaux de bœufs ou l'entrée des cités et des demeures. Sur les champs de bataille, les soldats sont accompagnés de chiens guerriers, souvent affublés d'une armure hérissée de stylets. Cette pratique qui se retrouve chez les Grecs, les Perses et les Gaulois et, jusqu'à l'époque d'Henri VIII qui utilisera ce type de chiens pour combattre Charles Quint. À la Renaissance, les chiens de chasse se répandent – domaine des seigneurs oblige – et sont marqués au fer rouge des armes (blasons) de leurs propriétaires. Si le chien personnifie alors la vaillance de son maître bien né, et partage sa couche et sa table, les chiens du peuple ont droit à un tout autre traitement. Pour les empêcher de traquer le gibier réservé à la noblesse, il est d'usage de leur couper une patte. Quant aux animaux de compagnie, s'ils sont présents en Occident dès l'antiquité gréco-romaine (Ve siècle av. J.-C.), où le chien est aussi apprécié comme compagnon des enfants et des aveugles, la mode ne prendra de l'ampleur en Europe qu'à la fin du XVe siècle, après que les conquistadores eurent ramené de leurs pérégrinations en Amérique du Sud des animaux « mascottes ».

On dénombre aujourd'hui près de quatre cent races de chiens, toutes obtenues à partir de sélections dirigées et répétées ou à partir de mutations accidentelles. Certains chiens poursuivent, comme aux origines, leur mission d'éboueurs de campements afin de débarrasser les humains des déchets susceptibles d'attirer les prédateurs et de développer des maladies. En Inde, ce rôle est dévolu aux chiens pariahs qui errent dans les rues et nettoient la voie publique de ses détritus. Ils font toujours office d'animaux de trait chez les peuples du Nord comme jadis chez les Amérindiens avant l'arrivée du cheval. Les attelages canins étaient encore fréquents en France au XIXe siècle et il n'était pas rare de voir des charettes de lait tirées par des chiens dans la Belgique des années 1930. Tout au long de l'histoire, le chien a accompagné l'homme jusqu'à lui servir de bouillotte pour les nuits froides. « L'homme a décidément tout fait subir au chien », remarque l'ethnologue Jean-Pierre Digard. Jamais aucun animal dans l'histoire de la domestication n'a eu, en effet, à subir à ce point le poids de l'homme.

Ci-contre
À toutes les époques, les chiens ont été utilisés comme protecteurs des foyers. Par ces mosaïques, les villas romaines avertissaient l'étranger de la présence de ces gardiens en ajoutant généralement la mention « Cave canem » (Attention au chien).

Double page suivante
Au Moyen Âge, la chasse est un art noble et les meutes d'équipages font la fierté des seigneurs. Dans les chenils royaux, on peut compter plus d'une centaine de chiens de races différentes. Ces chiens de grande valeur bénéficiaient par conséquent de soins très attentifs. (Miniature extraite du Livre de la chasse *de Gaston Phoebus. XVe siècle.)*

le pacte avec les Ruminants

Après avoir chassé les herbivores, l'homme les a capturés et, dès le Néolithique, maintenus aux alentours des villages. Il les a alors domestiqués sans savoir à quel point ces animaux allaient transformer sa vie et participer au rayonnement de la civilisation humaine.

Mont Aïlo, une chaîne montagneuse dans la province chinoise du Yunnan. C'est un lieu où la terre et le ciel se confondent, convergence de deux mondes, comme unis par un même lien. Nichées au cœur des brumes, des maisons de torchis sur une charpente de bambou semblent résister aux vestiges du temps et au vertige des hauteurs. Ici, les villages sont établis sur les versants montagneux, au milieu des rizières, entre 800 et 1 500 mètres d'altitude et proposent un des paysages les plus spectaculaires au monde. Il y a 2 000 ans, deux tribus sont arrivées dans ces montagnes : les Yi fuyaient le Setchuan, et savaient cultiver le riz, les Hani venaient du Tibet et connaissaient la montagne et la culture en terrasses. En apportant cette précieuse technique, les Hani auraient, dit-on, permis à la Chine de se développer économiquement grâce aux retombées de meilleurs rendements agricoles et, de fait, d'assurer l'essor de la souveraineté chinoise dans l'ensemble du Sud-Est asiatique. Pour survivre, les deux peuples se sont alliés et ont inventé la culture du riz en terrasses humides, ainsi que les cultures du maïs, du soja, du thé, des lentilles et des piments en terrasses sèches. On les appelle encore les « sculpteurs de montagne ».

Chaque famille possède une centaine de petites parcelles dans un rayon de quinze kilomètres autour du village et les laboure cinq fois l'an. Aucun repère ni clôture ne vient indiquer le propriétaire des cultures, car chacun sait, de génération en génération, à qui les terrasses ont été transmises. Rien ne se perd et tout se gagne : les mauvaises herbes servent d'engrais et des alevins de poissons sont déposés dans les marres que constituent les terrasses. Ils sont ensuite pêchés à la main lors de chaque labourage, dans le sillage de la charrue tirée par les buffles. Tous les ans, les deux populations se rassemblent et, accompagnées dans leur labeur par la force et la docilité de leurs bêtes, sculptent d'un même élan une nouvelle terrasse. L'irrigation est faite grâce aux sources naturelles qui jaillissent au cœur de la montagne, là où les hommes vont régulièrement baigner les buffles tant leur peau fragile craint le soleil. Si l'eau est considérée par les Hani comme un élément sacré, l'acquisition d'un buffle, sa naissance comme sa mort, est dans la vie d'un homme d'une importance aussi considérable qu'un mariage ou qu'une maison à bâtir. Car il est davantage qu'un compagnon de travail ; il est un bienfaiteur, l'ami de toujours, celui qui inspire la fierté pour qui s'en est fait un allié. Il peuple les légendes, les chansons et les proverbes. Il est considéré comme celui

Il a fallu vingt siècles pour que les hommes, accompagnés des buffles, façonnent la montagne en terrasses. Une histoire commune gravée dans chaque sillon.

En haut
Née au Néolithique, l'utilisation agricole des animaux de trait s'est poursuivie jusqu'à la motorisation de l'agriculture. On estime actuellement que près de 500 millions d'animaux de trait sont encore utilisés dans le monde. (Chine. Paysans travaillant dans les rizières.)

En bas
Porter des charges et tirer des charrues sont les principaux avantages que les ruminants ont apporté aux hommes. (Travaux dans les rizières au Laos.)

qui a su délivrer l'homme du poids des fardeaux, aider à l'accomplissement de son œuvre civilisatrice et participer à rendre ses paysages féconds. Chaque homme est associé à un buffle pour la vie et, lorsqu'il meurt, l'animal est enterré avec lui.

Des cultures en rizières hérissées d'une poignée d'épouvantails à perte de vue. La brume s'effiloche et la terre bruit de l'eau qui irrigue le riz. Silencieux et docile, un buffle tire l'araire que conduit un homme sur les pentes escarpées. Tous deux progressent lentement dans la boue. Ici, la vie est rythmée par la surveillance quotidienne des terrasses, qui ne doivent en aucun cas s'assécher, mais aussi par les saisons qui impliquent d'innombrables rituels. Pour choisir l'emplacement d'un nouveau village, on se sert de trois grains de riz jetés sur le sol : l'un symbolise les hommes, le deuxième les animaux domestiques et le troisième les céréales. Afin d'assurer la prospérité du village l'année durant, un cochon est sacrifié, et son foie examiné avec soin. Si la surface de celui-ci est lisse et rebondie, le bonheur est assuré. Des parcelles de terre sont labourées et offertes aux forces de la nature : le vent, les nuages et les sources. Purifier l'eau qui irrigue et apporte la fertilité nécessite l'immolation d'un coq rouge et d'une poule noire. Leurs plumes sont ensuite déposées au fond d'un panier, lequel est suspendu au feuillage d'un arbre qui fait ombrage à la source. Et pour protéger cette eau, un buffle miniature, modelé dans de la terre jaune, est placé près d'elle. Car sans ces formidables bêtes de somme, véritables dons du ciel, la vie des hommes ne se serait sans doute pas développée de la même manière.

D'après les légendes, le dieu céleste Abo-Momo vivait entouré d'un buffle et d'un dragon. Lorsqu'il prit conscience des conditions misérables dans lesquelles les hommes vivaient, incapables de distinguer les herbes sauvages des céréales bonnes à manger, il décida de leur envoyer le buffle céleste afin qu'il leur enseigne la culture et les aide dans cette tâche. Ce que fit le buffle, en animal éclairé. Mais l'animal ne cacha pas non plus sa crainte de voir les hommes tenter, un jour, de le supprimer. Son maître le rassura et lui conseilla de respirer fort pour l'avertir au cas où l'être humain se risquerait à le tuer. Depuis, il est une coutume qui veut que l'on bouche les narines du buffle avant de le mettre à mort.

Pilleurs de récolte

Quel a donc été le facteur qui a contribué à faire se rencontrer les hommes et ces impressionnantes bêtes à cornes ? Dès le moment où l'homme du Néolithique a cessé d'être un chasseur-cueilleur pour devenir un agriculteur, il s'est « approprié » de nombreuses espèces animales et en particulier des herbivores, et en a modifié les caractères. Mais pourquoi nos ancêtres ont-ils un jour décidé de créer une multitude de races répondant à une foule de besoins ? Comment ce projet a-t-il germé dans leur esprit alors que, à l'état sauvage, une vache ne produit pas de lait l'année durant (par exemple, la vache camarguaise ne donne du lait que pour son veau), qu'une poule ne pond pas d'œufs au quotidien, et qu'un mouflon, l'ancêtre du mouton, ne porte sur lui aucune laine méritant d'être

la force tranquille

Très présents aux Philippines, au Pakistan, au Népal, en Chine, en Inde et en Égypte, les buffles sont exploités pour leur viande, le lait qu'ils fournissent et leur force, puisque la traction animale domine encore aujourd'hui l'agriculture de ces pays. Le buffle d'Asie descend du buffle d'Asie sauvage, domestiqué en Chine il y a 4 000 ans, et probablement 5 000 ans dans la vallée de l'Indus. D'un naturel paisible, doté de larges sabots qui préviennent le tassement du sol dans les rizières, il est l'animal idéal pour cultiver le riz.

Double page précédente
La domestication suppose un contact permanent entre l'homme et l'animal. De là naît une relation où l'un reste sans cesse à l'écoute de l'autre, curieux et dépendant de lui.

des hommes et des vaches

Le bétail élevé par les Watusis, nomades de la région des grands lacs africains, est issu du croisement entre zébus et bœufs à longues cornes de l'ancienne Égypte. Outre le lait, les Watusis consomment le sang de cet animal en incisant légèrement la veine jugulaire. D'autres éleveurs tels les Massaïs du Kenya ou les Dinkas du Soudan, où les jeunes filles prêtes à convoler portent des cornes de vaches, procèdent de la même manière.

tissée ? Il semblerait que les hommes n'aient compris les avantages de la domestication qu'une fois celle-ci réalisée. La conquête du monde animal ayant suivi de près celle des végétaux, on peut supposer que les animaux – dont les ancêtres des bovins actuels – seraient venus à eux par gourmandise, attirés par leurs récoltes. Capturer ces pillards vivants pour les surveiller devint finalement plus avantageux que clôturer les champs afin de s'en protéger. Peu à peu, l'homme s'est rendu compte que les animaux peu véloces et d'un tempérament plutôt placide appartenant à certaines espèces grégaires étaient plus faciles à dominer et, en l'occurrence, à conserver « à portée de main ». L'avantage des ruminants, comme les bœufs, réside dans le fait qu'ils se déplacent lentement pour manger et régurgiter leur nourriture afin de la mâcher une seconde fois. C'est le principe de la rumination. Étant plus stables, ils se sont donc montrés plus faciles à sédentariser. Les micro-organismes contenus dans le rumen, sorte de poche dans l'estomac des ruminants, dégradent en effet la cellulose contenue dans les végétaux et fabriquent par ailleurs un gaz, le méthane, que l'animal doit rejeter. C'est d'ailleurs la raison pour laquelle le nombre croissant d'animaux depuis le début de l'industrialisation de l'élevage, au XIXe siècle, contribue à l'élévation de la température moyenne de la terre en raison de l'effet de serre.

L'homme domesticateur

Par la suite, l'homme a tenté de domestiquer tous les animaux, avec plus ou moins de réussite. Nombreuses ont été les tentatives qui n'ont pas abouti : la hyène et l'oryx beisa chez les Égyptiens ; la genette, employée comme chasseur de rongeurs et animal de compagnie au Moyen Âge ; le cerf, trop vif pour rester enfermé. On a longtemps cru que les animaux n'avaient été domestiqués que dans une seule région, le Proche-Orient, or des travaux archéologiques ont montré depuis, que la domestication comporte autant de techniques que de cultures et d'espèces animales.

La stabilité des bœufs et des vaches nous a permis d'inventer les enclos et les étables. Et dès l'instant où nous avons pu développer avec eux l'agriculture, la vie humaine s'est considérablement transformée. On a cessé d'être des chasseurs-collecteurs pour devenir des agriculteurs avec la propriété et tout ce qu'elle a de maléfique comme la défense du territoire, les guerres et les épidémies provoquées par les microbes cultivés eux aussi avec les élevages ; mais aussi tout ce qu'elle a de bénéfique : la diminution de la mortalité infantile et la prolongation de notre espérance de vie. Le travail des champs a été facilité, l'économie et la politique ont prospéré. Il est difficile de dire dans ces conditions qui de l'homme ou de l'animal a transformé l'autre, tant ce dernier a participé à la construction de nos civilisations. Nous pensons que nous leur avons imposé nos constructions mentales alors que ce sont eux qui nous ont finalement poussés à nous adapter à eux. En s'occupant des animaux qu'il avait domestiqués, l'homme s'est aussi créé des servitudes supplémentaires. En gagnant du confort, il a perdu de sa liberté et s'est rendu dépendant des animaux.

En haut
700 ans av. J.-C., l'économie des ancêtres des Massaïs reposait déjà sur le bétail. Pour les Massaïs qui vivent au Kenya et en Tanzanie, les vaches représentent un véritable trésor. La richesse d'un homme se détermine en fonction de la taille de son troupeau.

En bas
L'aurochs, ancêtre du bétail domestique, était si féroce et farouche que les premiers peuples de l'Antiquité, dont les Égyptiens, pensaient qu'il était impossible à gérer sans une aide divine. Dès sa domestication, il a accompagné les hommes au travail comme dans les rites funéraires. Ici, un défunt laboure les champs (papyrus égyptien, époque ptolémaïque).

Taureaux rois et vaches rouges

Les taureaux et les vaches n'ont pas seulement aidé l'homme dans son labeur, ils ont aussi habité son esprit. Animal préféré de l'art préhistorique, honoré sur les autels de l'Antiquité, le taureau s'illustre abondamment dans la mythologie et dans les religions, des taureaux ailés de Mésopotamie au Minotaure crétois, en passant par le culte du taureau sacré Apis à Memphis, près du Caire (2700-2200 ans av. J.-C.). Incarnation d'un dieu créateur pour les Égyptiens, un véritable taureau était à ce titre vénéré et installé dans un temple où il était entretenu par des prêtres. À sa mort, l'animal était momifié avec tout le soin donné à un haut dignitaire et sa mémoire était célébrée par un deuil de soixante-quatorze jours.

Le taureau, figure dominante des religions du bassin méditerranéen, a toujours fait référence à la force ; il a ouvert la voie aux sacrifices et aux rituels, symbolisant la victoire de l'homme sur sa nature animale et, plus largement, sur la nature sauvage. À Rome, lors des grandes occasions, on pouvait

" Dans de nombreuses mythologies, les cornes de bovins possèdent un caractère spirituel, féminin, associé à la lune dont le croissant rappelle les excroissances de ces animaux. "

immoler jusqu'à une centaine de bœufs en une fois, d'où le mot « hécatombe » (hekaton, « cent », et boûs, « bovin »). Les animaux blancs étaient réservés au ciel, les roux aux divinités du feu, les noirs aux dieux infernaux. Diffusée dans l'empire romain par les légions en provenance d'Orient, le culte de Mithra s'est répandue comme une traînée de poudre jusqu'en Germanie et en Espagne. Au cours de cérémonies expiatoires qui ont perduré pendant des siècles, un taureau était sacrifié de manière à recouvrir de son sang, source de vie, le corps des initiés. On a ainsi retrouvé près des Saintes-Maries-de-la-Mer (France) des vestiges d'autels tauroboliques. Incarnation de la dualité de la nature humaine, la légende du Minotaure tué par Thésée, représente quant à elle tous les combats mythiques des héros, la lutte entre le Bien et le Mal et la victoire remportée sur la face brutale, sauvage et, de fait, négative de la personnalité. Pour ce qui est des jeux taurins importés de Thessalie par Jules César, ces derniers ont consisté pendant longtemps à poursuivre des taureaux sauvages à cheval, à les épuiser et à les terrasser en les saisissant par les cornes.

Contrairement au taureau, la vache a toujours été considérée comme protectrice des femmes, emblème de la terre nourricière, déesse de la joie, signe d'abondance et de prospérité (hormis une vache rouge chez les Celtes, qui symbolisait une divinité guerrière). À Rome, on offrait à Proserpine, déesse de l'Agriculture, des vaches stériles en sacrifice. Dans l'Égypte antique, la vache Hathor, déesse du Ciel, munie d'un disque solaire entre les cornes, était réputée bienveillante pour les morts. Nourrice des souverains, elle représentait l'essence de la renaissance, de la fécondité et de la fertilité. Quant à l'association du taureau et de la vache avec l'astre lunaire, c'est une référence qui se répandit dans de nombreuses cultures en raison de la forme courbée des cornes, qui rappelle le croissant de lune. En hébreu, aleph, première lettre de l'alphabet, veut d'ailleurs dire « taureau » et symbolise également une phase du cycle lunaire.

Déesse du ciel dans le panthéon égyptien, la vache Hathor fut d'abord le symbole de fertilité et de fécondité, puis de la joie et de l'amour. (Stèle en calcaire peinte provenant du Sérapéum de Memphis. Égypte, 20ᵉ dynastie.)

mort et résurrection de l'aurochs

Apparu en Inde il y a 500 000 ans environ, l'aurochs est l'ancêtre unique des races bovines actuelles (bœufs, yacks, bisons et buffles). Redoutable et féroce animal mesurant près de deux mètres au garrot et vivant jadis en Europe, en Asie occidentale et en Afrique du Nord, l'aurochs a d'abord nourri l'imaginaire des peintres préhistoriques qui le chassaient. Sa domestication allait permettre aux hommes de labourer la terre, de tracter des charges et de construire des villages. Ce fut là l'un des événements les plus considérables de l'histoire de l'humanité. Si l'aurochs a donné naissance au bétail nourricier, il n'en reste pas moins que sa population sauvage n'a jamais cessé d'être chassée. Pratiquée par les Gaulois comme par les seigneurs du Moyen Âge de manière intensive, sa traque en battue ou à cheval causa peu à peu sa disparition. Le coup de grâce fut porté par les défrichements opérés par les moines. En 1627, en Pologne, le dernier spécimen de cette espèce fut abattu par des braconniers. 300 ans plus tard, Lutz Heck, directeur du parc zoologique de Berlin, fasciné par cet animal, eut l'idée de le recréer. Un pari fou qu'il va pourtant tenter et réussir avec l'aide de son frère, directeur d'un autre parc animalier en Allemagne. Ensemble, ils vont reconstituer l'espèce par croisements successifs.

En haut
Ces aurochs ont été peints, dans la Grotte de Lascaux en Dordogne il y a 17 000 ans, avec un réalisme étonnant qui laisse penser que les hommes ont été fortement impressionnés par eux.

En bas
L'aurochs trouve ses origines en Inde, pays où l'on compte un bovin pour quatre habitants et où ces bêtes à cornes continuent aujourd'hui encore à fasciner les hommes, comme aux premiers âges.

Compagnons au long cours

S'associer avec l'animal pour le transport et la traction a permis aux humains de survivre dans des conditions difficiles, de gagner en mobilité et de se tourner peu à peu vers le nomadisme et la conquête de nouveaux territoires.

Ici, l'herbe et les arbres sont rares. Le vent frise le lichen, sorte de momie végétale accrochée à la roche. C'est un lieu du bout du monde, où naissent les légendes, sans limite et sans artifice, un morceau de réel avec des airs d'éternité et d'exil où les hommes sont restés chasseurs et nomades. Nous sommes dans l'extrême nord de la Mongolie, l'une des régions les plus froides au monde. Une terre rude, figée par la glace en hiver, frappée d'un soleil de plomb en été. C'est là que vivent les Tsaatan, les hommes du renne. À peine quelques dizaines de familles sur un territoire aussi vaste que le ciel. Solitaires et discrètes, elles ont toujours résisté aux tentatives de sédentarisation du gouvernement mongol. Depuis des millénaires, les Tsaatan parcourent la taïga sur le dos de leurs bêtes, se nourrissent de leur lait et de leur viande, se couvrent de leur fourrure et se servent d'elles comme animaux de bât. Ils coupent aussi leurs bois et les échangent avec les Chinois ou avec les Mongols contre du tabac, du thé, de la farine et du sel. Robustes, ces animaux survivent grâce au lichen, aux mousses et aux champignons. Dans ces montagnes, les sols sont appauvris par le gel et les animaux manquent de sels minéraux nécessaires à leur bonne santé. Les hommes sont là pour leur en apporter.

Aux yeux des Mongols, pour qui le cheval est sacré, chevaucher un cervidé relève du sacrilège. Mais savent-ils à quel point leurs voisins vouent une admiration sans bornes pour leur partenaire et complice au long cours ? Combien ils apprécient sa douceur, son instinct sauvage, la souplesse et la robustesse de ses pieds, remarquablement adaptés aux terrains marécageux ou gelés ? Leurs destins sont liés. Au-delà même de la vie. Car ici, où il règne comme un parfum d'immortalité, chaque famille est placée sous la protection d'un renne élu, gardien du bonheur, qui donne de l'assurance aux hommes et de l'épaisseur au temps. Même lorsque le renne sacré vient à disparaître, son âme ne meurt pas. Elle rejoint celle de la vie sauvage. Le chef du clan doit alors élire un nouvel animal dans son troupeau, et la tradition chamanique veut qu'il le rencontre d'abord dans ses rêves après avoir consulté les esprits de la nature. Une fois élu, l'animal est célébré et l'on pratique un rituel, transmis de père en fils. Le principe est simple : il suffit de poser un bol de lait sur le dos de l'animal, qui doit tourner trois fois autour de la tente familiale. Si, lorsqu'il chute, le récipient s'oriente vers le ciel, alors les hommes, réjouis, ont la certitude d'un bel avenir. Reste à braver les éléments, à s'arranger de leur démesure. L'hiver venu, la température descend à -40 °C et la neige recouvre le sol pendant huit mois. Les hommes et les bêtes doivent alors fuir les

Les rennes sont des montures idéales pour les reliefs montagneux du nord de la Mongolie où les Tsaatan vivent auprès d'eux depuis 3 000 ans.

vents glacés et les loups affamés. Les rennes, mus par un puissant besoin de se déplacer, savent se diriger instinctivement vers les meilleurs pâturages. Et les Tsaatan les suivent. C'est ainsi que, depuis des millénaires, lors de chaque migration d'automne et de printemps, le campement est levé, les tipis en peau et en bois de mélèze sont démontés et la caravane se met en route, les enfants juchés sur le dos des animaux. L'été, les rennes errent librement. Les plus jeunes d'entre eux sont maintenus au campement, obligeant ainsi les mères et les autres adultes à rester près d'eux. Si l'homme n'entretient pas chaque jour le contact avec lui, le renne retourne à l'état sauvage. Mais rien n'est plus attractif pour l'animal gourmand que les poignées de sel distribuées par les Tsaatan ou que les sels minéraux récupérés quotidiennement par la harde dans les urines humaines. L'homme peut ainsi côtoyer les rennes sans vraiment les domestiquer. Ce procédé est probablement à l'origine de l'apprivoisement du renne voilà 3 000 ans, en Eurasie, dans le sud de la Sibérie. L'homme s'est donc adapté au comportement de cet animal qui ne peut vivre enfermé dans une étable comme les ruminants. Cette accommodation a donné naissance à la « civilisation du renne », faite de nomadisme, de tentes et de chasse modérée.

civilisations nomades

Animaux migrateurs par excellence, les rennes sauvages de Sibérie et du Canada – que l'on appelle les « caribous » –, se déplacent entre la Toundra, où ils séjournent en été, et la Taïga, où ils font halte en hiver. Les rennes sibériens couvrent ainsi des distances de plusieurs centaines de kilomètres entre ces deux régions. Il y a 35 000 ans, les hommes ont profité de cette prédisposition des animaux à toujours emprunter les mêmes routes dans leurs déplacements pour les chasser. Très répandus en Europe jusqu'à 15 000 ans av. J.-C., les rennes, originaires d'Amérique, ont représenté un gibier de choix pour les chasseurs magdaléniens, qui trouvaient dans cet animal la nourriture et le matériau indispensable pour se vêtir, fabriquer des bijoux, des outils,

Double page suivante
La domestication des rennes n'est que partielle. Sans contact avec l'homme, le renne retourne à la vie sauvage au bout de trois jours.

Ci-dessus
Derniers survivants d'une civilisation autrefois répandue dans tout le nord de l'Asie et de l'Europe, les hommes du renne demeurent, avec leur troupeau, l'âme de la taïga et de la toundra sibérienne et scandinave.

Ci-contre
Par ses urines riches en sels minéraux, l'homme a représenté pour le renne sauvage une sorte de friandise très attractive qui a favorisé la rencontre entre les deux êtres.

" Les rennes sacrés sont les gardiens du bonheur,
leur âme protège les femmes et les enfants
durant les grands voyages. "

ceux qui parlent avec l'esprit des animaux

les chamans

Si le chamanisme existe dans plusieurs régions du monde (Sibérie, Indonésie, Océanie, continent Américain), reste que le terme « chaman » provient du toungouse (une langue altaïque) saman, et se rattache aux verbes « danser », « bondir » et « s'agiter ». Grâce à un état de transe provoqué soit par un jeûne, soit par des rythmes musicaux ou par l'absorption de plantes hallucinogènes, le chaman peut voyager dans d'autres mondes. Chargé par son clan de guérir un malade, de retrouver une âme perdue ou de séduire le maître-esprit du gibier afin qu'il concède aux hommes une bonne chasse, le chaman peut se transformer en animal sinon s'assister d'esprits animaux capables de le guider dans son périple. Selon Roberte Hamayon, spécialiste du chamanisme sibérien : « Ces peuples ne conçoivent la chasse que dans le cadre d'un échange, d'un accord à passer avec les esprits des animaux. Tout repose sur l'art de négocier une alliance. C'est ainsi que le chaman est supposé épouser une fille de l'esprit d'un gibier, donc une femelle animale de la famille des rennes ou des élans, et c'est ce mariage symbolique qui va lui permettre d'aller en tant que chasseur dans le monde des esprits animaux pour obtenir des promesses de gibier. »

Le chamanisme est fondé sur la réalité d'un autre monde où la vision du chaman s'étend au-delà des apparences. Guide spirituel pour la communauté dont il a la responsabilité, le chaman remplit aussi le rôle de guide pour la chasse, d'oracle et de médecin.

" De nombreuses sociétés vivent en harmonie avec la nature. Les animaux sont considérés comme des parents, des alliés ou des ennemis qu'il faut séduire ou écarter. Elles partagent la croyance qu'après la mort, les âmes transmigrent dans le corps d'un animal. "

des instruments de musique (flûtes et sifflets) et des leurres pour la chasse. C'est en perforant des os de renne d'un trou circulaire que nos ancêtres ont sans doute conçu leurs premiers appeaux. L'expérience a en effet révélé que ces os travaillés produisaient un son aigu entraînant la fascination des rennes. Les animaux s'approchent de la source sonore, intrigués, et généralement se couchent.

Les pasteurs du désert

Les rennes ne sont pas les seuls animaux à avoir fait de la vie des hommes une quête perpétuelle. D'autres espèces, comme les chameaux ou les lamas, les ont contraints à rechercher pour elles de meilleurs pâturages et de précieux points d'eau. Dépendants de leurs bêtes, dont ils tirent leurs principales ressources, ces pasteurs hors du commun ont ainsi appris à vivre à leur rythme. Ils ont gravé la mémoire de leur peuple dans leurs pas et, grâce à eux, résistent aujourd'hui encore à la sédentarité pour ne point perdre leur identité empreinte de liberté. Dans le désert de Thar, entre l'Inde et le Pakistan, les hommes sont devenus nomades à force de suivre les vents, les pluies et les oasis de verdure pour nourrir leurs chameaux. La caravane s'est arrêtée auprès d'un minuscule îlot d'herbes et de palmiers-dattiers niché dans une vallée de dunes. Un berger de la tribu des Rebari veille sur les bêtes qui l'entourent. Il soigne leurs pieds, larges sabots matelassés adaptés à la progression sur le sable, et les débarrasse des parasites fichés dans le cuir souple de leur peau. Il connaît chacune de ses bêtes, et elles ne répondent qu'à sa voix. Chaque soir, les chameaux, qui vivent en semi-liberté, reviennent des pâturages vers leur berger. C'est comme ça depuis toujours. L'homme les aide à naître, les guide et les accompagne à chaque étape de leur vie. L'animal est surprenant. Si l'on s'approche de sa bouche, le velours de ses lèvres hérissées de poils surprend, et si l'on se recule, c'est l'œil noir, ourlé de longs cils et perché tout là-haut, au sommet d'un cou démesurément long, qui vous saisit. Les narines, tout aussi mobiles que la bouche, savent se refermer pour résister aux vents de sable, et le corps du chameau, surplombé de deux bosses formées par l'accumulation de graisses résiste au manque d'eau. Domestiqué vers 3 000 ans av. J.-C., entre le Turkestan et la Mandchourie, le chameau, dont il existe encore des troupeaux à l'état sauvage, est l'animal de bât des caravanes d'Asie centrale. Quant au dromadaire, originaire du sud de l'Arabie où il a été domestiqué vers le IIe millénaire av. J.-C., il est le compagnon le plus utile des sociétés nomades du Sahara occidental. Offert en guise de cadeau de mariage ou comme récompense, cet animal, qui sert de monture ou de porteur, fréquente le nord de l'Afrique et le Proche-Orient, mais également l'Inde, le Brésil et la Chine, et même l'Australie, où les migrations humaines l'ont entraîné.

Le cheval, animal de conquête

Sans sa rencontre avec l'homme agriculteur du Néolithique, le cheval, affamé et pilleur de récolte, n'aurait probablement pas survécu à un bouleversement climatique survenu dans l'hémisphère Nord il y a 10 000 ans. Dans

En haut
Un berger qui mène son troupeau, comme ici sur cette illustration datant du XIIIe siècle, connaît chacun des animaux qui le constitue.

En bas
Depuis des milliers d'années, hommes et chameaux sillonnent le désert. On dit que les chameliers chantent parfois des airs particuliers pour les encourager à avancer lorsqu'ils sont épuisés.

" Puis d'autres caravanes surgissaient, dans le même ordre : un détachement d'hommes à pied, le troupeau des bêtes libres, les convois de marchandises, les porteurs de paille, avec les mêmes mouvements indéfiniment répétés, les mêmes pulsations transmises de proche en proche, comme si tous ces hommes, toutes ces bêtes étaient les membres d'un seul être. "

ODETTE DU PUIGAUDEAU

À gauche

Chaque année, de grands rassemblements ont lieu en plein désert. Les bergers et marchands vendent leurs meilleures bêtes ainsi que les produits tressés en poils de chameau.

À droite

Il existe deux sortes de chameaux. Les uns, robustes et de haute taille, portent des charges tandis que les autres, plus fins, sont utilisés comme monture. Pour partir en voyage, l'animal doit être à son meilleur poids. Sa bosse témoigne de la qualité de ses réserves en graisse (caravane en marche dans le sahara algérien à la fin du XIXe siècle).

chevaux **sans maître**

Après avoir déserté le continent américain il y a 700 000 ans pour l'Asie via le détroit de Behring, le cheval redécouvrit sa terre d'origine au XVIe siècle, lorsque les conquistadores lâchèrent dans la nature plusieurs dizaines d'individus. Ces chevaux sont devenus les fameux mustangs (de l'espagnol mestengo qui veut dire « sans maître ») d'Amérique du Nord grâce auxquels les Amérindiens ont vu leur mode de vie transformé aux XVIIe et XVIIIe siècles.

ces conditions, il est probable que l'idée vint aux hommes de le capturer pour l'élever plutôt que de le tuer. La domestication du cheval s'est ainsi faite, progressivement, vers 4 500 ans av. J.-C. dans le sud de l'Ukraine. Utilisé d'abord pour le transport, le portage et la traction (en 3 000 av. J.-C., les Sumériens l'attelaient à des chars de guerre), le cheval sera monté plus tard dans les steppes du nord-est de la Chine, au début du premier millénaire avant notre ère. Selon l'éthnologue Jean-Pierre Digard, les premières figurations de chevaux montés à cru sont babyloniennes et datent de 2000 ans av. J.-C.. Les cavaliers nomades et les peuples migrateurs ont pu, grâce au cheval, conquérir de nouveaux espaces, exporter leur culture, leur langue, leur économie et leurs techniques militaires. En quelques années, le chef mongol Gengis Khan, à la tête de plusieurs milliers de cavaliers, réussit la conquête de l'Asie centrale et de l'Europe orientale grâce au cheval. À la Renaissance, ce sont les conquistadores « en selle » qui envahiront le Nouveau Monde. Les combats ont fait de tous ces cavaliers, qu'ils soient scythes, babyloniens, cosaques ou hussards, l'archétype du héros. Mais le pacte entre les chevaux et les hommes s'est aussi scellé dans les sillons des labours comme dans l'imaginaire. Inscrit dans la mémoire humaine, le cheval n'a eu de cesse de nous intriguer, de nous inspirer. Il est présent dans presque toutes les mythologies, les légendes, les contes et les arts, jusque dans l'essentiel des accessoires nécessaires aux chamans des peuples de l'Altaï qui, afin de pouvoir voyager dans l'autre monde, se servent d'une canne à tête de cheval dite « canne chevaline ». Que l'on ne s'étonne donc pas d'apprendre que les chevaux à roulettes distrayaient déjà les enfants de Gaule il y a 2 000 ans, ni de voir le panthéon des dieux peuplé de chevaux accompagnant l'âme des morts. De nombreux peuples vouent aujourd'hui encore une véritable fascination pour les chevaux avec lesquels ils partagent leur existence. Le peuple mongol en est un parfait exemple. En 1999, la Mongolie-Extérieure a retrouvé son indépendance, s'est détachée de l'ex-empire soviétique après l'effondrement du communisme. Pour résister au chaos économique, les Mongols ont renoué avec leurs traditions, leur identité et leurs montures qui demeurent leur bien le plus précieux. Élevés en semi-liberté dans les pâturages désertiques, les chevaux mongols, l'une des plus vieille race au monde et aussi l'une des plus robuste, subissent un dressage sommaire afin de conserver leurs instincts pour réagir aux prédateurs pendant la nuit. Rassemblés le matin pour traire les juments, ils sont laissés en liberté le reste du temps.

Des caravanes de lamas

Tous les ans, plusieurs centaines de bergers quetchas de l'Altiplano quittent les hauts plateaux boliviens, qui culminent à 3 000 mètres, pour les basses terres du Piémont amazonien avec leurs lamas chargés de produits régionaux. Transporter d'une zone à l'autre des marchandises et les échanger constituent, avec l'élevage, la principale économie du monde andin. Cette pratique, née probablement bien avant l'émergence de la civilisation inca et qui a su résister à l'invasion

La selle et l'étrier, connus depuis longtemps en Chine et en Inde, n'apparaissent en Occident qu'au IXe siècle. On put ainsi diriger et maîtriser le cheval et, tenant mieux sur la selle, se servir d'une arme avec davantage d'efficacité (ici, cavalier indien lors d'une scène de bataille. Miniature datant de la fin du XVIIe–début du XVIIIe siècle).

« L'homme est un explorateur.
Lorsqu'il voit un animal manifester
un comportement particulier,
il cherche à le manipuler,
pour le comprendre et s'en servir. »

espagnole, perdure de nos jours grâce au lama. Très attachés à leur indépendance sur laquelle repose leur mode de vie ancestral, les hommes et les femmes quetchas perpétuent les liens qui les unissent aux lamas depuis 4 000 ans. Chaque lama porte aux oreilles ou au cou des brins ou des pompons de laine multicolores destinés à les protéger à tout moment des mauvais esprits. Ils sont une cinquantaine à suivre les sentiers escarpés à travers la montagne. Celui qui progresse en tête de la caravane a la robustesse, l'assurance et le courage des meneurs. Comme ses congénères, il porte un nom qui lui a été donné à sa naissance au cours d'une cérémonie familiale. Il dirige la marche, donne le rythme, et obéit aux coups de sifflet et aux cris de son maître, le *llamero*. D'après les croyances, si les vigognes sauvages sont la propriété des divinités, les lamas ont été offerts aux bergers par la Pacha mama (la « déesse de la Terre ») afin de leur permettre de faire face aux rigueurs du monde. Depuis, toute famille quetcha qui construit une nouvelle maison enterre dans ses fondations un fœtus de lama pour invoquer la protection de la déesse-mère.

L'appel des grands voyages

Partout dans le monde, des vallées himalayennes aux régions italiennes les plus reculées, le berger arpente la terre. Son troupeau est sa richesse, le sel de son existence. Depuis 9 000 ans, les moutons, issus du mouflon oriental d'Asie Mineure, défilent par vagues, en quête d'herbes, quittant les plaines pour les hauteurs, et vice versa, au rythme des saisons. Qu'un troupeau soit mal conduit par celui que Jean Giono nommait le « maître des bêtes » et la terre s'appauvrit immédiatement, menace la faune, la flore et l'équilibre des brebis qui ne peuvent s'enrober. C'est un pacte entre l'homme, l'animal et la nature. Depuis 6 000 ans, hommes et moutons vont et viennent de la sorte au cœur de l'arc alpin comme l'ont jadis fait les Romains. Chaque été, des milliers de moutons empruntent le chemin des pâturages, traversent villes et villages pour grimper dans les montagnes. Ils sont dirigés par l'homme qui maîtrise l'ardeur

Lorsque les bergers nomades quittent les hauts plateaux pour les basses terres accompagnés de leurs lamas, ils font aussi office de messagers et d'émissaires et maintiennent ainsi un lien entre les populations des villages éloignés les uns des autres. Les croyances assurent que les lamas sont nés des entrailles de la terre, aux abords des lacs et des rivières, pour aider l'homme à vivre dans ces régions inhospitalières. L'homme exploite également sa viande, sa graisse et sa fiente pour se chauffer.

« Et si le fait de retrouver cette sensibilité et cette curiosité d'enfant à l'égard de l'animal, loin de nous détourner de l'humain, nous en rapprochait ? »

de ses bêtes sur les sentiers vertigineux et les bords glissants des précipices et qui sait se rendre le complice de ses chiens. Exposé au cycle permanent de la vie et de la mort, confronté aux éléments, il est aussi celui qui respire son troupeau comme un grand vent pour connaître la santé de chaque animal. Là-haut, l'horizon est infini. L'âme des vrais bergers aussi.

Des hommes et des éléphants

Les éléphants ont également accompagné les hommes dans leur quête de territoire. Les uns ont aidé à défricher les forêts pour qu'ils puissent s'y installer, les autres à gravir des montagnes pour gagner des guerres (en 219 av. J.-C., Hannibal, chef des troupes carthaginoises franchit les Alpes avec ses éléphants). Ils peuvent déployer une force extraordinaire que les hommes ont appris à utiliser, d'abord pour charrier du bois, il y a 4 000 ans environ dans la vallée de l'Indus, puis comme animal de combat – au XIXe siècle, l'armée siamoise utilisait encore des éléphants de guerre. Bien que domestiqué, l'éléphant indien ne fit jamais l'objet d'un élevage en raison d'une gestation et d'une adolescence beaucoup trop longues. La capture à l'état sauvage et le dressage d'individus adultes restent à ce jour à la base même de la domestication des éléphants.

Selon le spécialiste de la domestication animale Jean-Pierre Digard, on trouve plusieurs techniques de capture réparties entre l'Inde et la Malaisie : « dans des fosses (Thaïlande), par encerclement avec une « muraille » d'éléphants domestiques (Inde, Cambodge), en poussant les éléphants sauvages dans des enclos (Birmanie, Cambodge, Malaisie, Laos, Viêt Nam, Inde du Sud), à courre au lasso (Cambodge, Viêt Nam, Inde du Sud) et même par harponnage pour les éléphants des marais (Cambodge). Violentes pour la plupart, ces techniques entraînent souvent des blessures physiques et psychiques graves chez les éléphants capturés, les rendant parfois inaptes à tout service ». Les méthodes de dressage ne sont pas plus tendres puisqu'elles reposent sur la soumission de l'animal. Il existe d'ailleurs de nombreux cas d'éléphants, d'apparence docile, ayant subitement tué un individu au milieu d'une foule, l'homme s'avérant avoir été son dresseur plusieurs dizaines d'années auparavant. Car dès sa capture, l'éléphant est généralement entravé, battu et affamé par un homme, puis cajolé et nourri par un autre. C'est ce dernier qui deviendra son mahout, ou cornac. Entre eux s'établira en revanche une relation reposant sur la confiance et la complicité qui durera toute une vie. La tradition millénaire des cornacs, transmise de père en fils, est aujourd'hui, malheureusement, comme les éléphants (environ 40 000 individus en Asie) en voie de disparition. Faute de bois à débarder, les éléphants adultes sont réduits au chômage en Asie et les jeunes sont « recyclés » dans le spectacle, le tourisme et les fêtes religieuses. L'éléphant d'Afrique, plus grand que celui d'Asie, et que les Carthaginois employaient comme animal de travail et de guerre, a été quant à lui utilisé par les Belges au Congo au XIXe siècle, mais sa domestication s'est finalement révélée inutile du fait de la mécanisation.

Ci-contre
Les éléphants ont été des compagnons d'une grande importance pour de nombreuses populations. Pour le travail, la traction, les guerres mais aussi les festivités. Cette peinture chinoise d'un artiste de la période Tang montre des musiciens sur un éléphant.

Ci-dessus
En Asie, les éléphants sont encore utilisés dans l'industrie forestière là où les engins motorisés ne peuvent pénétrer la forêt. Si une trompe d'éléphant peut soulever un arbre sans difficulté, elle est aussi d'une délicatesse extrême pour cueillir une touffe d'herbe sans la déraciner.

Double page suivante
La force et la résistance des éléphants ont constitué des atouts que les hommes ont su exploiter, comme ici en Inde où cet éléphant pousse un wagon de marchandises.

D S
647
LOAD 300
TARE 146

quartier libre chez **les éléphants**

En Thaïlande, près de la frontière thaïlando-cambodgienne, les éléphants peuplent encore le village de Taklang. Membres de la famille à part entière, ils vivent aux côtés de leur maître. Cette proximité entre hommes et pachydermes n'est pas le fait du hasard, car les habitants de Taklang, comme tous les hommes du peuple suays, ont été dès le XVIIIe siècle, les principaux fournisseurs d'éléphants capturés pour les travaux de déforestation et les transports de troncs dans le pays. Leur technique de capture était simple et non violente : elle consistait à conduire des éléphants dressés dans la forêt afin d'attirer leurs congénères sauvages. Une fois que ces derniers étaient sur place, il était alors d'usage d'attacher à leur pied un lasso en peau de buffle. Mais le temps a passé et, faute d'arbres, la quantité de travail a considérablement diminué. Aujourd'hui, les éléphants ne travaillent presque plus. Ils ont quartier libre la journée et retournent auprès de leur maître chaque soir. De janvier à avril, en période de saison sèche, ils quittent le village, accompagnés par des cornacs, pour des contrées plus verdoyantes. Leur retour, qui coïncide avec l'arrivée des pluies, est un événement largement fêté.

À Taklang, en Thaïlande, une famille sur deux possède un éléphant. Faute de bois à débarder, ils font maintenant office d'animaux de compagnie et il n'est pas rare de voir les enfants préférer un éléphanteau à tout autre animal.

l'animal Miroir de l'homme

L'animal n'a jamais cessé d'être un miroir dans lequel se reflètent les préoccupations des humains. Depuis les premières aubes du monde, les bêtes ont marqué notre imaginaire. Elles ont été peintes dans les grottes, ont accompagné les défunts lors des premiers rituels funéraires et figurent dans les mythes fondateurs des origines. Par leurs aptitudes au vol, à la course ou à la nage – qui, par ailleurs, ont dû paraître magiques aux yeux des premiers humains –, elles ont embelli et égayé nos vies, nous ont permis d'exprimer nos peurs, nos espoirs et notre religiosité comme notre part obscure.

l'animal Religieux

Les animaux ont toujours participé à la condition humaine. En dessinant les animaux sur les parois des cavernes, puis plus tard, en les divinisant à travers nos récits, les bêtes nous ont aidés à percer le mystère du monde et à exprimer nos croyances.

En Inde, pour la grande majorité de la population, la religion dominante est le brahmanisme, ou hindouisme, issu de la religion primitive, le védisme, célébrée naguère à travers des textes fondateurs. Ceux-ci délivrent plusieurs croyances communes au bouddhisme, dont la réincarnation. Selon cette tradition vieille de 7 000 ans, le cycle de naissance et de renaissance de l'âme peut se manifester sous sa forme terrestre, à travers l'homme ou l'animal. Elle justifie en tout cas l'extraordinaire attitude révérencielle de l'Inde à l'égard des animaux et notamment envers les vaches, qui déambulent librement dans les rues, imperturbables face aux embouteillages qu'elles provoquent parfois.

Parce qu'elle donne le lait nourricier, la vache est considérée comme la mère de tout homme. Elle l'accompagne, de la naissance à la mort, et aide les âmes des défunts à partir en paix. Symbole d'abondance et de fertilité, elle s'impose comme un membre de la famille dans les campagnes. Et, lorsqu'elle donne naissance à un veau, la venue au monde de ce dernier est fêtée comme celle d'un enfant. Lorsqu'elles sont vieilles, malades ou abandonnées, des hospices leur sont destinés. Quand elles meurent, leurs cadavres bénis sont enterrés avec des guirlandes de fleurs, immergés dans le Gange ou abandonnés aux oiseaux.

Les Hindous célèbrent le culte panthéiste de plusieurs divinités, associées pour la plupart à des animaux, comme par exemple Garuda, le roi des oiseaux, qui défie le vent, ou bien Ganesha (ou Ganesa), le dieu à tête d'éléphant. Représenté par un pachyderme rondouillard et considéré comme la divinité qui lève les obstacles et apporte chance et réussite, Ganesha est l'un des dieux les plus importants de l'hindouisme dans la vie quotidienne. Chaque année, pendant plusieurs jours, Bombay le célèbre afin de lui demander un nouveau cycle de bonheur. Pour l'occasion sont réunis des centaines d'éléphants, couverts d'or, de soieries et de pierreries, en compagnie de leurs cornacs. Des jardins publics aux temples des cités en passant par les linteaux disposés au-dessus des maisons, des magasins et des postes de police, ce dieu mi-homme mi-éléphant est partout et dépasse même les frontières de l'Inde. On trouve en effet son culte chez les bouddhistes du Népal, en Asie du Sud-Est, au Tibet mais aussi en Chine, en Asie centrale, en Mongolie et au Japon où il est tout autant vénéré.

Des dizaines d'autres espèces animales bénéficient ainsi de la même dévotion. Dans un village du Rajasthan, un temple du XVIe siècle est entièrement consacré à Karniji, déesse associée au rat, dont la présence par milliers est saluée par les offrandes et les

Page précédente
L'animal n'a jamais cessé d'être un miroir dans lequel se reflètent les valeurs humaines. En Inde, l'éléphant décoré célèbre avec les hommes les dieux qui parlent de lui.

Ci-contre
Lorsqu'elles croisent une vache dans les rues, les femmes indiennes lui parlent à l'oreille. Elles lui confient des secrets et lui disent des prières pour qu'elles exaucent leurs vœux.

" La façon dont une nation s'occupe des animaux reflète fidèlement sa grandeur et sa hauteur morale. "

GANDHI

prières des pèlerins. Dans l'Inde du Sud, les crocodiles sont généreusement nourris tout comme les tortues d'eau, présentes elles-aussi dans les textes sacrés – ce qui hélas n'empêche pas pour autant leur disparition à cause du braconnage. Comme les vautours, les cochons sauvages, les pigeons, les tigres et autres bêtes de la création, toutes ou presque sont des incarnations divines, et les honorer nécessite autant de cultes quotidiens que de festivités annuelles pour consacrer leurs pouvoirs.

À travers les régions et les sectes, le calendrier liturgique compte chaque année des centaines de festivités en l'honneur des dieux animaux. Bien que le serpent tue tous les ans plusieurs milliers de personnes, chaque printemps, une fête est donnée en son honneur dans le Maharashtra : la « Naga Panchami ». À cette occasion, pythons et cobras, symboles des forces obscures mais aussi de la fécondité, sont délogés de leur terrier, capturés à mains nues par les hommes puis transportés sur des chars au milieu d'une foule d'adorateurs. En échange de lait et de miel, et parfois de billets de banque, les serpents ont ensuite la lourde responsabilité d'assurer la réalisation des désirs secrets des pèlerins. Au Karnataka, lorsque la pluie refuse de tomber, on tente d'y remédier en célébrant dans la liesse le mariage d'un couple d'ânes.

Sanctuaires du paléolithique

Dans le monde humain, toute chose fait discours. En cela, les animaux nous ont permis d'exprimer nos exploits, notre religiosité, notre place dans la vie réelle mais aussi notre interprétation de la mort. Cette manière d'appréhender le monde commence avec les peintures rupestres. La représentation du rien provoque le vertige et, pour ne pas en souffrir, il nous faut inventer le théâtre de la sépulture, la mise en scène des objets et des pleurs. L'art est probablement né de la nécessaire représentation de la mort et les bestiaires réalisés par les peintres du Paléolithique en sont les premiers témoignages. À cette époque, les animaux se situaient dans l'espace intermédiaire entre la proximité de soi et l'infini de l'au-delà. Comme pour nos œuvres d'art et nos premières sépultures, ils sont devenus les représentations vivantes d'un monde impossible à percevoir réellement, et pourtant éprouvé. Ils ont incarné l'imagerie de l'angoisse, de la mysticité et de la métaphysique. En devenant les représentants des dieux et plus simplement en les dessinant, ils nous ont aidés à nous faire une image de nous-mêmes et à nous distinguer.

Les animaux peints sur les parois des grottes ont été représentés avec une grande richesse de détails parce qu'ils ont sans doute produit sur nos ancêtres une forte impression. Il y a 31 000 ans, dans la grotte de Chauvet (à Vallon-Pont-d'Arc, en Ardèche), qui est l'une des plus anciennes grottes ornées, les artistes ont peint des animaux dangereux avec un réalisme éthologique étonnant, alors que les herbivores, dont ils se nourrissaient, étaient moins représentés. On constate le phénomène inverse sur les parois de la grotte de Lascaux (commune de Montignac, en Dordogne), où voilà 17 000 ans l'homme-chasseur a dessiné peu de

Ci-contre
Divinité protectrice des commerçants, Ganesha, le dieu à tête d'éléphant est souvent représenté en compagnie d'un rat ou d'une souris qui lui sert de monture.

En haut
Les vaches indiennes se promènent dans les rues aux côtés des hommes qui les considèrent comme les mères de toute vie.

En bas
En Inde, tout ce qui vient de la vache est apprécié comme le nectar des dieux. Les 700 millions de tonnes de fumier produites annuellement par les 200 millions de bovins, soit une vache pour quatre habitants, sont utilisées comme combustible et comme engrais.

" Les animaux ont aidé l'homme à s'humaniser.
Avec leur chair, nous avons fait du social en inventant la chasse.
Avec leur os, nous avons fait nos premiers outils.
En les dessinant, nous avons représenté nos croyances originelles. "

fauves au profit d'une importante quantité de chevaux, d'aurochs et de bisons. On constate surtout que les hommes n'ont pas dessiné de figures humaines détaillées. Et si elles sont présentes, elles n'apparaissent que sous la forme d'êtres hybrides (mi-homme mi-animal) ou de « bonhomme têtard », qui sont curieusement les premières œuvres dessinées par les enfants. Ces derniers commencent, en effet, à peindre de manière naturelle les objets qui les impressionnent et les troublent, alors qu'ils représentent ceux qui les côtoient quotidiennement de manière distante. Nos ancêtres ont été sans doute touchés par les animaux qu'ils chassaient, qu'ils vénéraient ou dont ils se protégeaient. Certains ont éprouvé aussi le besoin de peindre les animaux qu'ils allaient tuer et, peut-être même, de les faire s'animer sous la lumière tremblante des lampes en pierre pour correspondre avec eux. Ainsi, ils avaient l'impression de les voir vivre. La richesse de l'art européen au paléolithique (31 000 ans av. J.-C.) pour les plus anciennes représentations fait souvent oublier celle d'Australie (50 000 ans av. J.-C.), d'Amérique du Sud (30 000 ans av. J.-C.) ou d'Afrique du Sud (27 000 ans av. J.-C.). Sur les côtes d'Afrique australe, au cœur de la Namibie, ont été en effet découvertes, vers 1870, de fabuleuses œuvres murales peintes et sculptées par le peuple san (ou bochiman). Au milieu d'un hallucinant bestiaire représentant plusieurs espèces d'antilopes, dessinées avec une grande précision anatomique, se démarque un animal fréquemment figuré : l'éland du Cap. Cette antilope africaine, qui est la plus grande de toutes, reste à ce jour au cœur des récits mythiques de ce peuple, pour qui elle représente un symbole de fécondité et de puissance spirituelle. Les légendes locales racontent que l'animal vit le jour des entrailles d'une femme en même temps que l'homme, et qu'il y a très longtemps hommes et animaux ne formaient qu'un seul être « des âges précoces ». Des siècles durant, les plaines et les montagnes de cette partie de l'Afrique ont été le terrain d'élection des San, chasseurs et cueilleurs nomades, et des pasteurs khoekhoes. L'arrivée des colons boers (colons néerlandais), puis britanniques, au XVe siècle, a marqué le début de l'extinction des nomades adorateurs de l'éland. Massacrés pendant deux siècles, les San ont été progressivement conduits à se retrancher dans le désert du Kalahari, où ils demeurent encore à ce jour. Bien que l'art pariétal san ait disparu depuis longtemps, les Bochiman n'hésitent pas à interpréter aujourd'hui certaines peintures anciennes. Ce qui est apparu jadis pour les spécialistes occidentaux comme des scènes de chasse autour de l'éland serait en définitive des rites destinés à faire tomber la pluie.

L'animal dieu du nil

L'animal dieu représente la part divine de nous-mêmes, celle qui permet à Thot, l'homme à tête d'ibis ou de babouin, dieu de la sagesse et de l'écriture, de faire surgir du néant le monde de l'invisible. Évoquer les dieux-animaux nécessite bien évidemment de faire référence à l'Égypte antique, qui a connu tout un aréopage d'êtres suprêmes dotés d'une apparence animale. Ce culte a

Double page précédente
En Inde, dans les rues de Bénarès, la vache et l'homme semblent partager une histoire commune.

En haut
En épousant les reliefs de la roche et en les animant à la lumière des torches, on peut imaginer que ces chevaux (grotte de Lascaux), peints il y a 17 000 ans, avaient pour les hommes une dimension spirituelle.

En bas
Aux quatre coins de la planète, nos ancêtres ont célébré les animaux à travers des bestiaires inspirés. Ces antilopes peintes au Kenya 500 ans av. J.-C., dans la région de Nakuru, évoquent les origines des liens profonds qui unissent les hommes aux animaux.

les déesses sauvages

Le culte de la déesse-mère symbolise, dans le panthéon mythologique des premières civilisations, la vie et la mort, celle qui protège les animaux, régit la nature sauvage, assure la fécondité de la terre pour nourrir les hommes et commande le cycle des renaissances. L'expansion de la religion chrétienne transforma le culte de la déesse-mère originelle au profit d'une divinité mâle dominante. Progressivement, l'église jeta l'interdit sur les mythes liés à la nature, aux animaux et aux femmes.

" Incarnation du dieu crocodile Sobek possédant des sanctuaires dans toute l'Égypte, le crocodile était de son vivant apprivoisé, nourri d'offrandes et orné de bijoux. "

perduré dans la vallée du Nil pendant près de 3 000, jusqu'à l'accession au pouvoir du christianisme. Dès le IVe millénaire av. J.-C., l'économie et la politique s'organisent en Égypte. La vie du pays dépend bientôt entièrement du Nil, le long duquel les Égyptiens sont contraints de se rapprocher en raison d'une aridité progressive des terres, probablement dûe en partie à une surexploitation des forêts. Ce bouleversement à la fois culturel et climatique va contribuer à asseoir la civilisation pharaonique et, dès lors, la relation entre hommes et animaux va se modifier. Certaines de ces bêtes vont devenir utilitaires (transport, traction, élevage), d'autres seront appelées à incarner les préoccupations spirituelles des humains. Et pour cause : le Nil et son environnement direct n'ont rien d'accueillants. Le fleuve est animé de crues gigantesques et imprévisibles et, au cœur de sa végétation inhospitalière et de ses marécages, se cachent d'innombrables animaux particulièrement dangereux comme l'hippopotame, le crocodile et le serpent. Il convient alors de dominer sa peur en pactisant avec le danger que représentent ces animaux. Pour cela, on « métamorphose » sa terreur. Et c'est ainsi que le scorpion se transforme bientôt en une déesse, Selket, vouée à la surveillance des canopes, urnes qui recueillent les viscères des défunts lors des embaumements. Le crocodile n'apparaît plus sous l'aspect d'un être dangereux, mais comme le gardien du fleuve, de la fertilité ou la manifestation du soleil surgissant de l'eau pour s'y replonger la nuit venue. Observées lors des travaux des champs et appréciées pour leur souplesse, leur ruse ou leur ténacité à la chasse, les bêtes sont célébrées. Elles deviennent ainsi les représentants terrestres des divinités. La lionne qui s'attaque au bétail et ôte la vie des paysans est honorée pour sa force au combat et devient Sekhmet, déesse de la guerre et paradoxalement de la protection. Bastet, déesse-chatte, originaire de Boubastis, une ville du Delta central, propose elle aussi l'ambivalence de la féminité à la fois douce et sauvage. D'innombrables figures féminines associées aux animaux animent la culture égyptienne. Elles symbolisent la vie, la mort et la renaissance, tantôt bienveillante, tantôt agressive. Au cours des siècles, les représentations zoomorphes peuplant temples et tombeaux vont peu à peu laisser la place à des créatures hybrides, mi-homme mi-animal. En créant des dieux à son image, l'homme va considérer les animaux d'une toute autre manière ; ils sont moins honorés pour eux-mêmes mais deviennent en revanche ceux que l'on sacrifie pour servir d'intermédiaires avec les divinités. Dans ce but, de gigantesques élevages d'animaux voient le jour. Oiseaux, singes, chats, crocodiles y sont élevés pour être sacrifiés et momifiés. En 1982, un cimetière a été découvert sur le site de la nécropole royale de Saqqarah, à trente kilomètres des pyramides de Gizeh, où l'on trouve de nombreuses espèces d'animaux. Des objets peints et des amulettes, retrouvés dans des nécropoles humaines, montrent également des représentations d'animaux domestiques et sauvages jusqu'aux spécimens les plus inattendus comme le scarabée coprophage. L'insecte ayant pour habitude de pousser une boule d'excrément dans laquelle il

Le réalisme de cette chasse à l'hippopotame dans les marais du Nil possède aussi une autre signification : celle d'un défunt luttant contre les puissances hostiles personnifiées par des hippopotames mâles, les femelles étant des symboles de fécondité. (Mosaïque du sanctuaire de la Fortune de l'antique Prénestre, vers 80 av. J.-C.)

le chien du paradis à l'enfer

Nombreuses sont les traditions qui associent le chien au monde de la mort et à l'enfer. En Grèce, le chien à trois têtes, Cerbère, veille sur l'Achéron, fleuve qui conduit aux enfers. Pour les Aztèques, le chien Xolotl escorte les âmes tandis qu'en Chine, le chien T'ien K'uan chaperonne les esprits voués à la vie éternelle. Dans l'Égypte pharaonique, Anubis, le dieu des Morts à tête de chien, patron des nécropoles, préside à la momification qui prépare les corps à l'éternité, conduit les âmes vers leur jugement et détruit les ennemis de la lumière. De fait, de nombreuses fresques à son effigie ornent les tombes des hommes. À Cynopolis, si un chien vient à mourir, les habitants de la maison dans laquelle il a vécu se rasent la tête et jettent la nourriture en signe de deuil. Deux cimetières de chiens ont été mis à jour au début du XXe siècle, l'un à Abydos et l'autre à Thèbes, d'où ont été exhumées une multitude de momies de chien entassées sur plusieurs couches. Aujourd'hui encore, de nombreux peuples d'Amérique du Sud attribuent à un chien ayant creusé le sol, la libération de la vie humaine jadis emprisonnée dans un monde souterrain.

La légende dit qu'Anubis, dieu à tête de chien, aida à retrouver les restes de son père adoptif Osiris, lorsque ce dernier fut tué et démembré par son frère Seth. Gardien des morts, il aide les défunts à gagner l'au-delà. Ici, le défunt est accueilli par Anubis et présenté à Osiris momiforme. (Encaustique sur toile de lin, Égypte, époque romaine.)

À travers ces extraordinaires combinaisons de couleurs et de formes humaines et animales, c'est toute la relation des hommes et des puissances divines dans le monde des morts qui est mise en valeur.

Une représentation religieuse de l'art océanien que les missionnaires ont tenté de faire disparaître pour asseoir leur évangélisation. (Peinture sur écorce d'eucalyptus, Australie.)

pond ses œufs et d'où émerge au terme du stade larvaire un adulte, la pensée égyptienne vit dans cette forme ronde l'image même du soleil surgissant du néant et la preuve de la réincarnation. L'insecte devint la représentation du dieu Khepri, grand ordonnateur du retour à la vie et des mutations. De fait, certains de ces coléoptères étaient placés dans les bandages des momies et plus généralement sur le cœur. Le scarabée avait pour mission d'empêcher l'organe, le jour du jugement dans l'au-delà, de peser du poids des fautes du défunt durant sa vie terrestre.

Animaux et rites funéraires

En Indonésie, chez les Torajas (île de Sulawesi), la mort n'est pas une fin. Lors du festival des morts, impressionnant rituel funéraire où les roches et les arbres deviennent sépultures, buffles et cochons sont sacrifiés afin qu'ils emportent l'âme des défunts avec eux. En Inde, les étoiles sont perçues comme autant de vaches portant le ciel, et si l'âme d'un défunt s'accroche à la queue d'un tel animal, on peut être assuré qu'il franchira en toute quiétude les eaux troublées des autres mondes. Dans de nombreuses cultures, les animaux font encore office d'intermédiaires entre les dieux et les hommes et de nombreux êtres humains partagent toujours la croyance qu'après la mort, les âmes transmigrent dans le corps d'un animal. La présence des animaux a donné une dimension sacrée aux rituels funéraires humains. L'idée selon laquelle ils pouvaient accompagner les morts dans leur voyage a sans doute permis aux hommes de lutter contre l'angoisse de la mort. La pratique des sépultures révèle déjà son existence au Paléolithique moyen, entre 100 000 et 35 000 ans av. J.-C., période à laquelle on a découvert des corps enterrés, mis en scène, alignés, entourés d'armes, de bijoux composés d'écailles, de plumes, d'os ou de dents, et d'outils sculptés de formes animales.

Vénérations d'ours

Les bêtes ont endossé le rôle d'offrandes symboliques censées représenter la vie et apporter la force et l'énergie nécessaires pour permettre aux morts de voyager dans l'au-delà. Un tabernacle néandertalien, renfermant sept crânes d'ours disposés de manière particulière, le museau tourné vers l'entrée de la grotte, a été découvert dans un abri rocheux des Alpes suisses. Six autres crânes d'ursidés étaient encastrés dans les parois de cette même caverne. Pas moins d'une vingtaine de crânes de plantigrades ont été retrouvés dans des conditions similaires en Dordogne, dans la caverne du Regourdou. Difficile de dire si l'ours a fait ici l'objet d'une adoration ou d'un quelconque rituel de mort par nos ancêtres, toutefois on trouve encore de nos jours des pratiques semblables dans l'hémisphère Nord où les Lapons l'appellent « le vieil homme avec un manteau de fourrure ». Pour les Yukaghir de Sibérie, il est « le grand homme ». Chez ces peuples chasseurs, tuer un ours a toujours nécessité (c'est encore le cas en Sibérie) des cérémonies et des présents offerts à la dépouille. Prendre la vie d'un tel animal est un acte si grave chez les Ghiliak de Sibérie que l'on offre une fête à l'animal pour éviter la colère du clan des ours.

dieux et dragons

Depuis des siècles, en Indonésie, des familles élèvent des crocodiles et des dragons de Komodo comme leurs propres enfants. Ils sont considérés comme des dieux, des frères de sang et ils sont vénérés religieusement. À chacun de leurs anniversaires, la communauté villageoise revêt ses plus beaux atours, chante, danse et verse le sang en leur nom en sacrifiant des animaux domestiques, lesquels ont remplacé les sacrifices humains.

“Jadis les Ket de Sibérie tranchaient la patte antérieure de l'ours abattu et la lançaient trois fois en l'air pour savoir si l'animal était bien la réincarnation d'un parent décédé l'année précédente.”

Le cadavre est ensuite dépouillé suivant des règles strictes : le squelette est reconstitué et la tête n'est jamais abîmée afin que l'âme puisse s'échapper. Chez les Bouriates, les yeux de l'ours, appelés les « deux étoiles », sont extraits délicatement, enveloppés dans des herbes et placés ensuite sur un arbre. Parce que l'ours s'enfonçait chaque hiver dans le ventre de la terre et n'en ressortait qu'au printemps, la rumeur populaire disait qu'il entretenait des liens particuliers avec l'au-delà et qu'il possédait le pouvoir de guider et de libérer les âmes des morts enfermées dans son ventre. Au printemps, la fin de son hibernation était célébrée comme une résurrection et des cérémonies rituelles étaient données. Des hommes se couvraient de peaux d'ours et se noircissaient le visage, symbolisant le bien et le mal, la renaissance sur la mort. Cette « renaissance » est encore célébrée actuellement lors de fêtes locales. Au réveil de l'animal, il se pratique encore la danse de l'ours dans les Pyrénées et au Pays basque — où les anciens ont pensé pendant longtemps que l'homme descendait du plantigrade.

Les enfants des ours

Beaucoup de peuples pensent que l'alliance entre l'homme et l'ours ne peut se renouveler que par le meurtre rituel de l'animal. Au japon, sur l'île d'Hokkaïdo, vivent les Aïnous, qui se nomment eux-mêmes les « enfants des ours ». Au début du XXe siècle, les femmes adoptaient et allaitaient encore de jeunes oursons qui grandissaient ensuite avec la famille humaine. Vers l'âge de trois ans, au cours d'une fête annuelle qui se déroulait en automne ou au milieu de l'hiver, on promenait l'ours dans le village, puis il était sacrifié. La chair de l'animal était ensuite mangée par la communauté, heureuse que l'âme de l'ours puisse enfin retourner dans les mondes supérieurs afin de visiter les dieux et réclamer leur protection pour les hommes. Chez les Ghiliak, on conduisait l'animal dans toutes les maisons du village et chaque habitant le nourrissait de bouillie. Puis on lui perçait le cœur d'une flèche tandis que les femmes égrenaient un chant funèbre. La tête de l'animal était ensuite séparée du corps et disposée avec la fourrure à la place d'honneur dans la maison, et sa chair ainsi que son sang lui étaient symboliquement offerts en guise de repas.

L'animal, ancêtre du clan

Tantôt honni, tantôt célébré, l'animal peut aussi représenter l'identité des hommes et participer à leur organisation sociale à travers le totémisme, présent dans de nombreuses régions du globe, notamment en Amérique du Nord, en Australie et en Afrique. En Colombie britannique, chez les Indiens haïdas, le long de la côte pacifique du Canada, les forêts sont battues par les vents. C'est là le berceau du « peuple de l'écorce ». Dans la chair des arbres, hommes et femmes sculptent encore des emblèmes d'animaux sous la forme de totems sacrés. Ces sculptures, pratiquées par le chef du clan, parlent de leur peuple et perpétuent l'histoire millénaire de leur art. Elles témoignent qu'aux origines hommes et animaux pouvaient sans cesse passer d'une forme à l'autre, et que les chamans avaient la capacité de ramener les âmes volées par les esprits animaux ou perdues au cours d'un rêve. Deux groupes sociaux ont

Les Aïnous de l'île d'Hokkaïdo vénèrent l'ours comme un dieu. Un culte ancestral qui perdure encore aujourd'hui mais qui a bien failli disparaître avec la colonisation de cette terre par les Japonais au XVIIIe siècle.

*" En Afrique, le lion est un totem important.
Il est dit que les lions n'ont peur de rien sauf des guerriers massaïs,
arrogants et nonchalants comme eux. "*

jadis représenté les Haïdas : le clan du totem du Corbeau et celui de l'Aigle. Les mariages devaient s'opérer entre Aigles et Corbeaux, et ouvraient droit à des dons en matière de ressources économiques, telles que zones de chasse, de cueillette ou de pêche. En Afrique, les Massaïs font aussi partie de ces peuples chez qui le totem, en l'occurrence un animal, est considéré comme l'ancêtre et le protecteur du clan. Son rôle est important dans l'organisation sociale du groupe. Il est vénéré et protégé par un ensemble d'interdits, dont la transgression risque d'entraîner le malheur sur la communauté. Parmi les animaux représentés le plus fréquemment, on trouve le rhinocéros, le léopard, le buffle, le serpent, le scorpion, la hyène, l'éléphant et surtout le lion. Selon l'éthno-anthropologue Jacqueline Roumeguère-Eberhardt « Le totem est la première identité de l'homme africain. Son identité est liée à celle de l'animal. On peut changer de tribu mais on ne peut jamais changer de totem. Si l'on appartient au totem de l'antilope, il est tabou de consommer sa viande (comment pourrait-on dévorer son frère ?) et les plantes qu'elle ne peut pas absorber. Si un individu transgresse ces règles, il peut tomber malade et même mourir. Le totem vous situe donc par rapport à l'univers, à vos obligations, à vos possibilités dans le mariage. »

Chevaux bénis

Dans toutes les cours des fermes, des élevages et des domaines, les chevaux aux rondeurs lustrées frissonnent dans le matin. Ils piaffent, jambes déliées. Accompagnés par leur maître, sellés ou tirant une carriole, ils iront toute à l'heure jusque sur le parvis des églises pour être bénis par un prêtre. La bénédiction des chevaux relève d'une manifestation traditionnelle qui se déroule encore de nos jours, principalement en Provence et en Alsace, à différentes dates du calendrier. Dans le nord de la France, ce sont des cérémonies similaires qui ont été remises au goût du jour, comme à Belfort, où sont bénis les cavaliers et leurs montures. Si les origines de ces baptêmes coincident avec certaines fêtes agraires, il en est d'autres, notamment en

Ci-contre
Les Haïdas vivent dans les îles de la Reine Charlotte, un archipel situé au large de la côte nord-ouest de l'Amérique. Lorsque les premiers Européens les découvrirent en 1774, ils furent surpris de voir leur village peuplé de totems, qui ne sont autres que des animaux représentant leur histoire.

Ci-dessus
Le corbeau est à la base de la mythologie haïda. Il représente celui qui a libéré l'humanité et lui a apporté la lune, le soleil et les étoiles après les avoir dérobés au Chef du Ciel.

" Jadis, les Scythes, ancêtres des Mongols,
enterraient leurs chefs avec leur or,
leurs épouses et leurs plus beaux chevaux. "

Russie et en Allemagne, qui trouvent leurs racines dans le culte ancien des saints protecteurs de chevaux. Dans le Nord de la Russie au XVIe siècle sont en effet apparues des icônes représentant deux frères originaires de Constantinople : Flor et Lavr. Entourés de chevaux, ils le sont aussi par trois autres cavaliers : Eleusippe, Meleusippe et Speusippe, dont la terminaison en « ippe » désigne hippos, le cheval. Nés en Asie Mineure au tout début du christianisme, ces derniers sont connus pour leur habileté à s'occuper des chevaux. Mais lorsqu'ils décident d'embrasser la nouvelle religion, leur prestige prend fin brutalement. Ils sont massacrés par les Romains à Saint-Géome, près de Langres en Haute-Marne. Canonisés, une partie de leurs ossements est transportée, dès le Moyen Âge, par l'évêque de Langres vers la basilique d'Ellwangen en Allemagne du Sud. Depuis, en Russie comme en Allemagne, de grands rassemblements ont lieu chaque année au cours desquels messes et bénédictions de chevaux sont données en l'honneur de ces saints protecteurs.

Nécropole équine

Depuis toujours, le cheval a le don de provoquer la fascination et la dévotion des hommes, en particulier des Russes qui ont toujours associé le cheval à leurs victoires. À Saint-Pétersbourg, dans le parc de Tsarskoïe Selo (le bourg du tsar), existe la seule nécropole équine au monde qui fut redécouverte et ressuscitée en 1990 par Jean-Louis Gouraud, éditeur, écrivain et passionné de culture équestre. Un lieu hors du temps, où cent vingt chevaux, soigneusement alignés les uns à côté des autres, ont été enterrés. Sur des pierres tombales de marbre ont été gravés en lettres cyrilliques dorées à l'or fin le nom du cheval, celui de son propriétaire et son année de naissance et de mort. Un lieu anonyme qui a dormi pendant des dizaines d'années sous les herbes folles en raison de son passé tsariste. Fabuleux témoignage d'une vie religieuse consacrée au cheval, on y trouve ici la tombe d'un cheval appelé Lord et ayant appartenu à Alexandre III ; plus loin, celle de la jument Poltava, qui eut l'honneur de porter le tsar Nicolas Ier, fondateur des lieux ; ailleurs, une pierre indique la dépouille de Sultantchik (petit sultan), qui appartint au comte Rostopchine, et celle d'Ami, qui n'était autre que la monture sur laquelle Alexandre Ier, vainqueur de Napoléon, lorsqu'il entra à Paris, en 1814, à la tête des troupes alliées. Le cheval que l'on porte en terre trouve des exemples singuliers tout au long de l'histoire : les guerriers germains se faisaient ensevelir avec leurs montures et leurs épouses. Au Danemark, une coutume voulait qu'on enterre un cheval vivant dans la fondation des églises pour s'assurer la protection divine. Alexandre le Grand, fils de Philippe II, roi de Macédoine, offrit des funérailles grandioses à son cheval Bucéphale. Il n'est pas rare que l'on célèbre encore aujourd'hui l'ensevelissement de tel crack dans l'intimité de quelque haras. Mais ce lieu de Saint-Pétersbourg a ceci d'unique qu'il réunit un nombre impressionnant de dépouilles équines dans un lieu en tout point semblable à un cimetière humain, preuve d'un lien mystique entre l'homme et le cheval.

À gauche
C'est à Novgorod (Russie du Nord) que sont apparues au XVIe siècle des icônes représentant Flor et Lavr, deux maçons martyrs devenus les saints protecteurs des chevaux. Sur cette représentation, ils reçoivent les montures des mains de l'archange Michel.

En haut
En Russie, les bénédictions des chevaux, célébrées par des prêtres, sont censées épargner les animaux de la maladie et favoriser leur descendance. Elles ont généralement lieu le 31 août, jour de la fête des saints Flor et Lavr.

En bas
L'histoire raconte qu'Alexandre le Grand, alors qu'il était adolescent, sut dresser le cheval Bucéphale en l'aidant à vaincre la peur de son ombre. Pendant vingt ans, l'animal le porta de l'Olympe à l'Indus sur tous les champs de bataille. À sa mort, Alexandre le fit ensevelir avec les honneurs et fonda une ville portant son nom, Boukêphalia.

Fabuleux animaux

Pour traduire la condition humaine et exprimer nos peurs comme nos espoirs, il a fallu inventer des héros culturels. Les hommes ont alors transformé les animaux qui sont devenus fabuleux, étranges, inquiétants.

Kishkindha, dans le sud de l'Inde. Ils jettent des regards espiègles sur les pèlerins venus leur rendre hommage. Ils se pressent les uns contre les autres à la tombée de la nuit et, comme toutes les sociétés de singes, règlent leurs conflits à grand renfort de cris perçants, de simulacres de soumission et d'épouillages. Ce sont des macaques rhésus à face rosée ou des singes langurs à la gueule noire couronnée d'une crinière d'argent. Ils ont l'agilité chevillée au corps. Depuis cinq siècles, ils ont conquis les flans d'une forteresse rocheuse située au centre du plateau du Deccan. Un immense dédale de pierres géantes, ocre et rose, domine l'antique cité de Vijayanagar, vaste capitale d'un empire oublié. Construite par deux frères au XIIIe siècle, elle fut détruite deux siècles plus tard et abandonnée à la jungle et aux singes (la cité des singes a notamment inspiré Rudyard Kipling pour *Le Livre de la jungle*). Depuis, des centaines de clans, composés d'environ cinquante individus, se sont réparti les quartiers, qu'ils considèrent comme leurs territoires. Les chefs régissent la vie de leur groupe, leurs déplacements ainsi que le contrôle des points d'eau et de nourriture. Les légendes racontent que les hommes qui s'y aventurent ont des réminiscences de leur vie antérieure. Hanuman, fils du Vent et d'une femme singe, aurait vu le jour dans le ventre de la cité. Ses pouvoirs étaient immenses. Fidèle compagnon d'un prince nommé Rama, il devint par ses exploits, son dévouement et son amitié pour les hommes le dieu adoré dans toute l'Asie. Sa renommée a traversé les âges et son histoire est encore dans toutes les mémoires. Il est le symbole de la loyauté, du courage et de la fidélité. Son effigie est présente dans toutes les administrations indiennes au service du public.

Considérés comme des animaux sacrés, les singes font partie intégrante du folklore local. Ils ravissent les touristes et vivent pour la plupart dans la forêt, mais leur population croissante et leur tendance à envahir la ville et ses bâtiments officiels n'est pas toujours du goût des résidents car les incidents sont nombreux. À Calcutta, en 1996, un singe a été capturé par des policiers qui l'avaient surpris en train de voler à l'étalage d'un marché. Sa troupe a fait le siège du commissariat en poussant des hurlements stridents pendant quarante-huit heures, jusqu'à ce que leur « camarade » ait été relâché. À Jodhpur, les singes entelles, considérés eux-aussi comme l'incarnation terrestre du dieu Hanuman, côtoient les hommes au quotidien et forment avec eux une communauté unie. Des offrandes leurs sont régulièrement proposées en pleine ville et s'ils viennent à piller les étales des marchés ou les récoltes, ils sont

En Inde, si le singe est considéré comme un être magique, symbole de fertilité et patron des acrobates, l'amitié que leur témoignent les hommes est en tout cas bien réelle.

" Là-haut est né le singe qui aimait les hommes.
Le grand singe aux pouvoirs extraordinaires.
Là-haut quelques hommes célèbrent son existence. "

excusés. Lorsqu'ils meurent, leurs corps sont recouverts de pétales, de l'encens est brûlé, des prières sont prononcées et une crémation est organisée dans un temple pour favoriser le départ de leur âme.

Fantasmes et folklore

Considéré comme l'ancêtre du peuple tibétain, le singe a été divinisé dans de nombreuses cultures, notamment grecque et égyptienne, qui l'ont promu au rang de sage. En Occident, l'Europe chrétienne l'a en revanche diabolisé. Lorsque les grands singes furent découverts au XVIIe siècle, ils ont été décrits comme des satyres et des êtres lubriques, coupables de malices et de viols sur les femmes. On était alors persuadé que Satan, voulant imiter Dieu, créateur de « l'homme-élu », avait inventé le singe. Quelques rares observations et beaucoup d'imagination ont ainsi créé des fables qui sont devenues religion. Mais c'est bien connu, l'homme crée le monde à son idée. Il a donc transformé les animaux en héros culturels qui parlent avant tout de lui et de la manière dont il envisage la société dans laquelle il vit. Pour traduire la condition humaine, les bêtes sont devenues fabuleuses, étranges, inquiétantes.

Dans l'Égypte antique, les animaux servaient à des pratiques divinatoires. On lisait l'avenir dans leurs entrailles, en examinant surtout leur foie. Toute anomalie jugée suspecte constituait un mauvais présage. La manière dont les chairs brûlaient fournissait également de précieuses indications : une flamme haute relevait, par exemple, d'un présage favorable. La divination par le chant ou par le vol des oiseaux (ornithomancie) permettait de lire l'avenir sur des animaux vivants. En volant, si l'oiseau s'approchait de l'observateur du côté droit, c'était bon signe. Dans le cas inverse, tout portait à croire que l'avenir serait sombre. En Côte-d'Ivoire, les Baoulés voient aujourd'hui encore dans la souris la parfaite messagère des dieux. Le devin place une souris dans un récipient en bois contenant des os et symbolisant le cosmos et la terre. Il ne lui reste plus qu'à décrypter les désirs et les réponses des dieux en

Le site de Vijayanagar est pour beaucoup d'Indiens un lieu mythique. Depuis cinq siècles, les singes se sont approprié la cité. Des centaines de clans se sont réparti les quartiers et les considèrent comme leurs territoires.

Le fils du vent

Une légende raconte qu'il y avait ici un royaume merveilleux, gorgé de fruits enchanteurs : Kishkinda, le royaume des singes. Un jour vint au monde un être nommé Hanuman. Fils du vent et d'une femme singe. Ses pouvoirs étaient immenses. Par ses exploits et sa loyauté, il devint un héros. Sa renommée a traversé les âges et son histoire est encore inscrite dans toutes les mémoires. On raconte qu'il est né sur cette montagne.

bestiaire magique

À toutes les époques, les hommes ont inventé des animaux fabuleux. La chimère, être hybride de la mythologie grecque, était le plus souvent figurée avec une tête et un buste de lion, un corps de chèvre et une queue de dragon. Cet assemblage était supposé incarner les forces destructrices de la nature, qu'il fallait combattre avec le soutien d'une puissance divine. Pour venir à bout de la chimère, le célèbre cheval ailé Pégase – né du sang de Méduse – servit de guide et de monture à Bellérophon. Certaines créatures ont vu le jour à la faveur de voyageurs et de naturalistes imaginatifs. Homère aurait, dit-on, créé le cyclope après avoir été inspiré par les récits d'aventuriers ayant croisé des gorilles. Le Moyen Âge a lui aussi conçu un étonnant catalogue d'animaux réels ou fantaisistes, personnifiant des vertus ou des tares, afin de servir des textes religieux moralisateurs. Les satyres sont « apparus » au début du XVIIe siècle, lorsqu'on a découvert les orangs-outans ; la sirène serait née quant à elle de la rencontre avec des lamantins – dont le cri s'apparente pourtant au beuglement d'une vache ! –, et la licorne aurait vu le jour grâce à la mise en lumière d'un petit cétacé des mers froides, le narval, qui possède une dent spiralée.

En haut
Dieu romain de la mer, Neptune donna le cheval aux hommes.

En bas, à gauche
Pégase, le cheval ailé. D'un coup de sabot, on dit qu'il fit jaillir une source dans la montagne. Tout poète buvant de cette eau voyait croître son inspiration.

Au centre, à droite
Lorsque l'église catholique décréta que seule une vierge pouvait capturer une licorne, le mythe de la pureté et de l'amour chaste prit racine dans cette croyance. (Tenture de la Dame à la licorne : la Vue, XVe siècle.)

En bas, à droite
La représentation de saint Georges tuant le dragon illustre les vertus militaires et symbolise le courage. Une légende dit qu'il a favorisé les victoires de l'armée anglaise. Il reste aujourd'hui le saint patron de l'Angleterre. (Émail datant du XIIe siècle.)

Double page suivante
Les dragons ont représenté les forces diaboliques contre lesquelles les héros de la mythologie et les saints des textes religieux devaient combattre pour faire triompher le savoir, la vie et l'ordre. Une transposition de l'homme victorieux sur la nature et l'animal. (Iacopo Bellini, XVe siècle.)

B.R

empreintes animales

À l'époque des croisades, l'usage des armoiries se développe et les animaux, réels ou imaginaires (licorne, griffon, sirène, chimère et dragon) servent à distinguer les clans sur les champs de bataille. Plus tard, ces armoiries vont être utilisées lors des tournois, puis vont devenir la marque et le signe d'appartenance à une corporation, à une ville ou à une famille pour raconter sa propre histoire et distinguer sa valeur. Interdit par la révolution française en 1790, le blason est revenu à la mode au XIXe siècle. Le lion, l'aigle, le loup, le cerf, le dauphin, le sanglier et l'ours ont été les animaux sauvages les plus fréquemment représentés.

« lisant » les déplacements des os provoqués par le passage du rongeur. Les animaux n'ont longtemps existé dans l'esprit humain que par l'idée que l'on se faisait d'eux. Si le bélier eut la chance d'être en Égypte l'un de ces dieux, symbole de virilité et de fécondité – Khnoum (dieu à tête de bélier) –, le bouc eut, en revanche, une destinée moins enviable. Représenté dès l'Antiquité comme la monture favorite d'Aphrodite (déesse de l'Amour), de Pan (dieu des Troupeaux et des Bergers), et de Dionysos (dieu du Vin et de l'Extase), l'animal réel a payé cher ce fantasme humain. Dans la France du Moyen Âge, on l'associa au démon et à la luxure, tandis qu'en Israël, il devint le support servant à expier les péchés des juifs – d'où le terme de « bouc émissaire ». D'innombrables animaux ont ainsi servi d'alibi aux représentations culturelles des hommes. Et s'il en est un qui a particulièrement marqué les esprits, c'est le serpent.

Plusieurs siècles avant que l'Église catholique ne fasse du serpent l'incarnation même du mal, le responsable de la déchéance humaine et l'instrument du démon pour avoir séduit et tenté Ève au paradis terrestre, le reptile était vénéré comme symbole de la connaissance, de la mort et de la resurrection. Le serpent, capable de « voir » dans la nuit comme en plein jour, a peut-être inspiré aux hommes l'idée de transposer la réalité en fable, d'utiliser sa « capacité » à livrer les fruits de la connaissance et à guider ceux qui s'interrogent, comme Ève dans la Bible ou la déesse-mère dans les peintures aztèques. C'est peut-être ce qui explique pourquoi cet animal demeure, dans de nombreuses civilisations, l'emblème du savoir et de la science. Le caducée autour duquel s'enroule le serpent d'Épidaure est aujourd'hui encore le symbole des professions de la santé.

Un remède à l'angoisse

Le monde chrétien a utilisé de nombreux symboles animaux pour imposer des interdits et asseoir l'autorité divine. Trois des quatre évangélistes ont été figurés, chacun sous les traits d'un animal : un taureau pour saint Luc, un aigle pour saint Jean, un lion pour saint Marc. Dans les premières illustrations du christianisme, Jésus-Christ est souvent évoqué sous l'aspect de différentes espèces animales, aussi variées que le pélican, le poisson ou l'agneau, et même sous la forme d'un serpent au temps de la première église chrétienne. Ainsi, le phénix, d'origine éthiopienne, devint le symbole de la résurrection du Christ et de celle des âmes par sa capacité à renaître de ses cendres. Le griffon, au corps de lion et aux pattes, aux ailes et à la tête d'aigle – recensé d'ailleurs par Marco Polo dans ses récits de voyage ! – fut adopté lui aussi comme l'emblème du Christ dans l'art médiéval, alors que le bestiaire italien en fit un démon. Pendant longtemps, les apothicaires firent commerce de cornes d'antilope en jurant qu'il s'agissait de griffes de griffon. Ils faisaient aussi passer des défenses de mammouths réduites en poudre ou des dents de narval pour des attributs de licorne.

Si tant d'animaux fantastiques ont incarné le Christ, d'autres, bien réels, ont en revanche symbolisé le diable comme par exemple le chat. Associé au serpent dans la kabbale et dans le bouddhisme (où il est accusé d'avoir

Page de gauche
Symbole de pouvoir dans l'Asie mineure, le griffon, mélange d'aigle et de lion, représente aussi les deux natures, humaine et divine, du Christ. On a longtemps cru que cet animal construisait son nid dans de l'or.

Ci-dessus
La pensée occidentale a bien du mal à se libérer de l'anthropocentrisme. D'autant que la pensée chrétienne se réfère au texte de la Genèse où il est écrit que Dieu a créé l'homme à son image et l'a destiné à régner sur les poissons de la mer, sur les oiseaux du ciel, sur le bétail, sur la terre entière, et sur tous les reptiles qui rampent sur le sol. Ici, l'agneau mystique et les quatre symboles des Évangiles (IXe siècle).

" Il existe certains hommes celtes
qui ont un pouvoir merveilleux
qu'ils tiennent de leurs ancêtres.
Par une force diabolique, ils peuvent,
à volonté, prendre la forme d'un loup."

TEXTE IRLANDAIS DU XIIe SIÈCLE

été le seul à ne point souffrir lors du décès de Bouddha), il symbolise le pêché. Les choses ne sont guère plus flatteuses au Japon, où il incarne le mauvais œil, mais c'est surtout dans l'Europe du Moyen Âge que les malédictions les plus terribles ont pesé sur le pauvre félin. Tout n'avait pourtant pas si mal commencé : au XIe siècle, il était le compagnon idéal des pères de l'église, qui avaient cru voir dans le « M » inscrit sur le front des chats tigrés le signe de la Vierge Marie. Lorsque se développe la chasse aux hérétiques, l'animal rejoint la longue liste des bêtes sataniques qui vont être soumis à la torture et périr sur les bûchers.

Réinventer l'animal

L'homme a toujours éprouvé un sentiment de crainte face à la puissance du vivant. Les loups, que nos ancêtres ont domestiqué, se sont transformés en démons à partir du moment où les hommes sont devenus sédentaires. Les cochons, qui ont mangé bien plus d'humains que les loups au cours de l'histoire, n'ont en revanche pas suscité autant de frayeur que ces derniers au Moyen Âge. En ces périodes de terreur où les épidémies, la misère et les guerres faisaient du quotidien des hommes une épreuve constante, il était vital pour la population d'exorciser sinon de juguler ses terreurs. Il fallait fabriquer du pouvoir en s'identifiant au vainqueur et, pour mieux détruire le loup, on le réinventa. On dit bien sûr des tas de choses absurdes : que l'herbe ne repoussait pas là où il passait ; que sa morsure était venimeuse et son esprit habité par la perversité. Le loup incarnait l'ennemi mortel de l'agneau qui, dans les saintes écritures, symbolisait le Christ, la bête que Dieu envoyait sur terre pour punir les pécheurs et les rebelles à l'ordre de la cité. Si l'on trouve déjà au IVe siècle avant J.-C. un texte de Solon, homme d'État athénien, proposant une récompense pour l'abattage des loups, la palme en matière de destruction de Canis lupus revient à l'Europe médiévale. Au fil des siècles, la destruction du malheureux animal est organisée dans toute l'Europe. Partout, paysans, soldats et prêtres le combattent ; on le pend comme un criminel, on brûle des forêts entières pour précipiter sa fin. Celui qui s'oppose au traitement qu'on réserve à cet animal est jugé pour hérésie. Aujourd'hui, le loup déclenche toujours des sentiments irrationnels.

Des histoires de loups-garous

De tout temps, des populations ont été fascinées par la force, la rapidité, la ruse ou la prudence des animaux, à tel point qu'elles ont bien souvent tenté d'acquérir ces dualités. De là est née une tradition folklorique riche d'histoires, où les hommes, cherchant à s'identifier à un animal, se couvrent de sa peau. Dans toutes les mythologies, le principe de la transformation des hommes ou des dieux en animaux est un thème récurrent. Chez les guerriers scandinaves, les hommes vont au combat couverts d'une peau d'ours ou de loup. Certains peuples comme les Turcs, Romains, Sabins, aussi bien que des chefs de guerre pensaient descendre d'un loup mythique. Alors qu'en Asie les légendes prêtent à certains hommes le pouvoir de prendre l'apparence d'un tigre – d'un jaguar

À gauche
Dans l'Iliade, le Troyen Dolon, revêt une peau de loup, en assimile le comportement et la force, et part, invulnérable, espionner les Achéens. (Dolon le loup. Céramique de l'Attique du Ve siècle av. J.-C.)

Ci-contre
Jadis, lorsqu'un homme communiquait avec un animal, on pensait qu'une aliénation des deux êtres s'opérait pour donner notamment un loup-garou. (Le loup-garou, 1857.)

« Une légende perse affirme que tout être venant au monde est doublé d'un génie, né à la même seconde que lui et qui prend souvent l'apparence d'un chat noir. »

en Amérique du Sud –, c'est en hyène, en singe, en crocodile ou en lion que se transforment les êtres humains en Afrique. En Europe, le loup symbolise l'hybride malfaisant sous le nom de « loup-garou ». Ce mythe trouve ses racines dans l'Antiquité, époque à partir de laquelle sont nées de nombreuses confréries d'adorateurs du loup en Grèce, en Perse, à Rome et en Inde. Tous les neuf ans, en Arcadie, une fête avait lieu en l'honneur de Zeus, dans un endroit baptisé la « montagne du Loup » où, les hommes désireux de se transformer en loup devaient absorber une nourriture à base de chair animale et de chair humaine. À Rome, le 15 février, avait lieu les lupercales, fêtes pastorales et païennes au cours desquelles on tuait un bouc pour protéger les troupeaux des loups. Plus tard, l'Église transforma ce rite en fête de la Vierge Marie. Mais c'est surtout à la fin du Moyen Âge que le phénomène du loup-garou prit une ampleur surprenante, à tel point qu'aux XVIe et XVIIe siècles, les tribunaux eurent à juger plusieurs dizaines de milliers de prétendus loups-garous qui, pour la plupart, n'ont commis que le crime d'être différents : étranger, cathare, protestant, libre penseur ou simple d'esprit. Si la lycanthropie est une authentique maladie mentale (l'individu s'envisage comme un loup et peut aller jusqu'à commettre des actes d'anthropophagie), la pathologie fut bien trop souvent considérée comme un envoûtement. Qui d'autre que le diable pouvait transformer un homme en bête ?

Humaniser l'animal

En Occident, les animaux ont rapidement cessé d'être considérés comme des êtres suprêmes. Ils sont devenus des porte-paroles, des créatures humanisées participant au projet de Dieu et aux malices du Diable. C'est pourquoi nous leur avons fait des procès et si tous les animaux domestiques ont été concernés (bovins, chevaux, ânes, chiens, moutons et chèvres), le cochon s'est imposé comme le champion des bêtes à tribunaux. Au Moyen Âge, attribuer une responsabilité aux animaux ne voulait pas dire qu'une âme leur était reconnue. En les transformant en êtres conscients de leurs actes, on pouvait plus facilement leur intenter des procès, les condamner et les exécuter. Ignorant l'animal réel, on jugeait le démon qui demeurait en lui. Cette attitude fut fondée sur les préceptes bibliques : Moïse déjà réclamait que le bœuf qui tue un homme ou une femme soit lapidé.

Du Moyen Âge jusqu'au siècle des Lumières (c'est-à-dire du XIIIe au XVIIe siècle), ces procès ont occupé les tribunaux ecclésiastiques et civils. Les places publiques hébergeaient toutes sortes d'exécutions, où sorcières et criminels côtoyaient des animaux. En 1386 à Falaise, en Normandie, une truie accusée d'avoir tué un enfant fut arrêtée et incarcérée. Lorsque l'instruction du procès – qui dura neuf jours – fut terminée, un représentant de la loi vint lui lire le verdict et la sentence, au grand dam de l'avocat de la défense qui lui avait été désigné. Elle fut menée de la place du château jusqu'au faubourg de Guibray, où l'on avait installé un échafaud. Le bourreau lui trancha le groin et lui entama la cuisse, puis lui recouvrit la face d'un masque humain et le corps de vêtements

En haut
Ce chat pendu par des protestants est censé représenter les catholiques (1554). Lors des croisades, les chrétiens brûlaient les chats, ces animaux symbolisant les Arabes.

En bas
Les procès d'animaux ont occupé l'Occident du XIIIe au XVIIe siècle. On y rappelle à cette occasion que la Bible recommande de tuer les animaux qui ont causé la mort d'un homme ou d'une femme, car ils sont impurs et de fait forcément coupables (ici, un cochon jugé pour avoir tué un enfant à Savigny, 1457).

A Cat hung up in Cheapside, habited like a Priest.

saint Jérôme et le lion

Saint Jérôme vivait dans un monastère de Bethléem. La légende dit qu'il fit d'un lion blessé son ami après lui avoir retiré une épine de la patte. L'animal lui resta fidèle jusqu'à sa mort. Cette allégorie démontre surtout qu'on peut dompter ses instincts vitaux, et cette dualité en chacun de nous, non par la force mais par l'esprit. Le lion devient ici l'animal fabuleux qui incarne nos origines animales, celles qu'il faut savoir maîtriser pour s'humaniser.

d'homme pour marquer sa responsabilité. Pendue par les pattes, elle expira sous les yeux d'une foule composée de paysans, de nobles et de cochons... convoqués avec leur maître. Son corps, après avoir été traîné et disloqué par le cheval qui l'avait amené jusqu'à l'échafaud, fut abandonné aux flammes d'un bûcher. En 1457, à Compiègne, une autre truie « avoua » sous la torture avoir tué un enfant. Elle fut pendue à un arbre, et les six porcelets qui l'accompagnaient furent acquittés du fait de leur jeune âge.

D'autres animaux seront jugés et tués ; qui pour avoir avalé une hostie bénite ; qui pour avoir mangé une souris un dimanche ; qui pour avoir aboyé férocement contre le pouvoir en place. Rats, charançons, limaces et hannetons ont été eux aussi jugés à partir du XIVe siècle, appelés surtout à comparaître devant les tribunaux ecclésiastiques. Et, si ils ne se présentaient pas, ils étaient excommuniés en grande pompe, avec à la clé d'innombrables pratiques liturgiques : pénitences, processions, aspersion d'eau bénite.

La civilisation du cochon

Le cochon a joué un rôle primordial dans la culture médiévale : nous l'avons sculpté sur nos médailles et tissé sur nos tapisseries, nous en avons parlé dans nos contes, et le simple fait d'en développer la gastronomie nous a fait adopter un comportement religieux. La civilisation du cochon s'est développée au XIe siècle, époque où l'on érigea des cathédrales pour asseoir la puissance de la chrétienté. L'explosion de la charcuterie témoigne de l'apparition de techniques permettant de conserver la viande, et le fait de manger du cochon permet aux chrétiens d'affirmer leur autonomie par rapport au judaïsme et à ses pratiques alimentaires (nourriture casher). La viande, porteuse d'animalité, a suscité autant de dégoût que de désir. Aucune civilisation n'échappe à cette ambivalence, alors on s'arrange comme on peut. En Égypte, les fermiers sédentaires de la vallée du Nil ont été friands de cochon jusqu'au IIe millénaire av. J.-C. La consommation de porc a diminué par la suite lorsque l'animal fut dédié au culte d'Osiris, dieu du Nil et de la Végétation. Désormais pour en manger, il faut attendre les nuits de pleine lune. Sous des prétextes religieux, on a donc très vite différencié les animaux consommables admis de Dieu (ou des dieux) des animaux non consommables ; la chair et le sang ont été tantôt interdits, car jugés impurs, tantôt réhabilités comme source de vie ou adaptés selon certains rites. Selon la Torah, la chair animale doit être débarrassée de son principe vital, le sang, qui représente la part réservée à Dieu. Il est également interdit de mélanger viandes et laitages : « Tu ne feras pas cuire le chevreau dans le lait de sa mère », précise la Bible. Tandis que le lait symbolise la vie et la mère, la viande et le sang figurent la mort et le cadavre. Dans la religion juive rituelle, seuls sont jugés purs les volatiles ayant des pattes palmées, les poissons avec des nageoires, les herbivores ruminants ongulés (aux pieds terminés par des productions cornées). Ainsi le porc est un ongulé (il a des sabots), mais il n'est ni un herbivore ni un ruminant, sa consommation est donc prohibée. Le poulet et les œufs sont chargés du

Traducteur de la bible en latin, saint Jérôme a vécu dans le désert de Syrie où il fit la rencontre d'un lion sauvage qu'il apprivoisa et domestiqua. La légende dit que l'homme et l'animal moururent à la même minute.

En bas, à gauche
Sculptés à la proue des drakkars vikings, symboles de spiritualité en Chine et de désolation au regard de la chrétienté, les dragons ont fasciné les hommes jusque dans leur représentation du ciel. (Manuscrit persan du XVIIe siècle sur les constellations d'après Le Livre des Étoiles *d'El-Husein.)*

Ci-contre
Il est particulièrement surprenant de constater que les étoiles qui composent la constellation de la Grande Ourse sont largement connues dans le monde, même chez les populations qui ne vivent pas au contact de l'espèce. (Manuscrit persan du XVIIe siècle sur les constellations d'après Le Livre des Étoiles *d'El-Husein.)*

même interdit dans une grande partie de l'Afrique et de l'Asie. Pour certains chercheurs, ces tabous pourraient avoir aussi une origine écologique. Ainsi, le porc n'aurait pas eu d'utilité au Moyen-Orient du fait de son incapacité à supporter la chaleur. Quant aux raisons qui poussèrent la religion catholique à rendre obligatoire la consommation de poisson une fois par semaine, on pense qu'au Moyen Âge, cet aliment représentait en fait la seule source de protéines disponible à moindre coût pour le peuple, habitué à manger des bouillies de fèves.

Les animaux du zodiaque

Les animaux, réels ou fabuleux, n'ont pas seulement peuplé le monde physique et psychique des hommes, ils ont aussi envahi leur ciel. La perception des formes animales célestes, créées par la composition de groupes d'étoiles, a donné naissance à des divinations stellaires, terreau sur lequel s'est développée l'astrologie. Considérée comme une véritable science dans l'Antiquité et jusqu'au XVIIe siècle – les astronomes étaient aussi astrologues – l'astrologie a connu différentes interprétations. Toutefois, les astres ont presque tous été organisés selon des systèmes qui, du Tibet à l'Égypte en passant par la Chine, l'Inde et l'Amérique du Nord, laissent apparaître des animaux réels ou imaginaires. Ainsi, les Aztèques et les Chinois ont vu dans la lune la forme d'un lapin tandis que les Hindous et les Grecs décelaient dans la constellation de la Grande Ourse la silhouette de l'animal. L'origine de la Grande Ourse provient d'une légende née dans la Grèce antique. Elle raconte que Callisto, la plus belle des nymphes, après avoir été séduite par Zeus, père des dieux, lui donna un fils, Arcas. De colère, Héra, épouse de Zeus, changea alors Callisto en ourse et la condamna à l'errance solitaire dans la forêt. Elle fit d'Arcas un chasseur hors pair puis, pour satisfaire pleinement à sa vengeance, le fit mettre un jour en présence de sa mère ourse afin qu'il la tue. Avant que le drame ne s'opère, Zeus enleva le fils et la mère et les transporta au milieu des étoiles. Deux constellations naquirent : la Grande Ourse et la Petite Ourse.

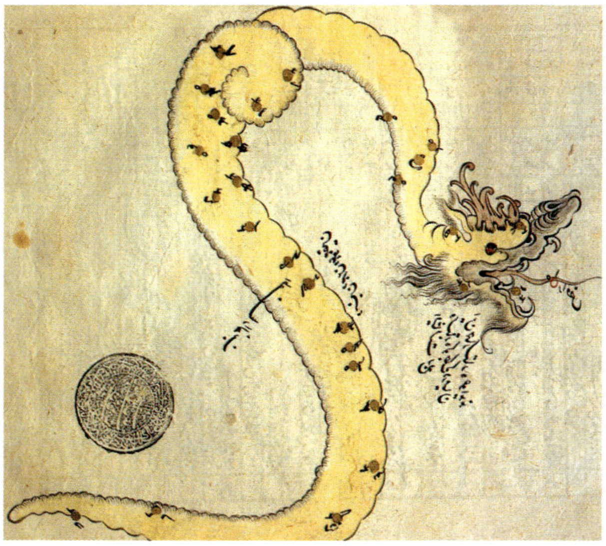

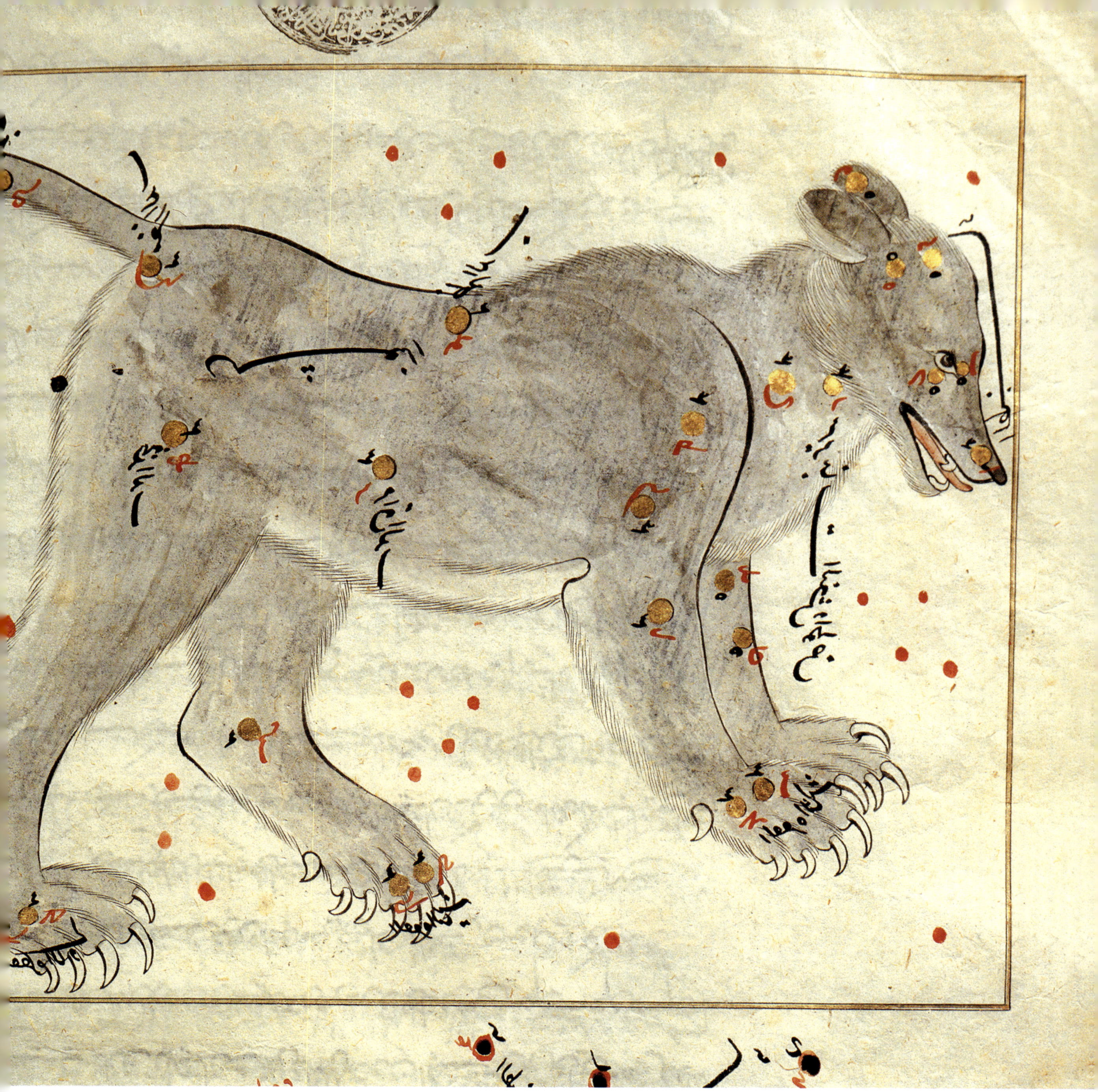

" Dans l'immensité du ciel d'Égypte, Sirius, étoile de la constellation du Grand Chien, annonçait par sa brillance chaque nouvelle crue du Nil. "

Double page suivante
Les constellations ont été découvertes par l'un des plus grands astrologues de l'Antiquité grecque, Claude Ptolémée. Comme la plupart des zodiaques (qui vient du grec et veut dire « cercle d'animaux »), l'animal représenté gouverne l'année ou le mois auquel il correspond. Sur cette mappemonde, les bêtes symbolisant les constellations régissent une région du monde. (Palais Farnèse, plafond de la salle des mappemondes de G. Varese. 1574.)

l'animal Spectacle

Des représentations où les animaux parodient les humains à la mise en valeur de leur beauté ou de leur vélocité, les bêtes ont égayé l'existence des hommes. Rendant leur quotidien magique, ils ont donné vie à leurs fantasmes.

Lac Manchar, vallée de l'Indus au Pakistan. C'est le reflet d'un éden mythique qui inspire l'éternité dans le mouvement perpétuel d'une eau imprévisible. Un archipel surgit du néant où les bateaux forment des villages flottants, autour desquels ondulent et frémissent des jardins d'oiseaux. C'est ici que vivent les Mohana. Au gré d'une eau qui prend sa source dans l'Himalaya et s'étire sur 3 000 kilomètres. On dit ces hommes infidèles et parfois sorciers parce qu'ils connaissent aussi le secret des herbes qui soulagent et les formules qui terrorisent les génies du mal. Fiers et solitaires, ils sont les descendants d'une civilisation lointaine qui, pour échapper à l'envahisseur aryen, embarqua sur l'eau trente-cinq siècles plus tôt, à bord d'improbables carènes. Les Mohana, membres d'un peuple en marge de la société pakistanaise, se reconnaissent surtout comme des fils de l'Indus, ce fleuve qu'ils vénèrent à l'égal d'un véritable dieu depuis 5 000 ans. Comme jadis, leurs vaisseaux d'un autre âge, étanchéisés avec de la graisse de dauphin, sont toujours taillés dans le teck et le fromager. La voile, chahutée par un vent brûlant, est en roseaux tressés, et la cabine de bambous abrite la famille, où enfants et jeunes couvées d'échassiers partagent la même couche. Chaque soir, ils s'endorment au son des flûtes, des litanies religieuses et des rythmes des tambours. Des représentations trouvées dans les ruines d'une cité antique de l'Indus, Mohenjo-daro, montrent déjà l'existence de bâteaux identiques.

Fascinés par la grâce des oiseaux, par leur beauté, leurs cris mais aussi par leurs aptitudes à la pêche et à la chasse, les Mohana vouent à ces animaux une passion sans limite. Certains d'entre eux jouissent même d'un intérêt particulier, comme le héron cendré, qui repère les bancs de carpes et de poissons-chats et plonge pour indiquer au pêcheur l'endroit exact où il doit jeter son filet. En échange, l'homme garantit à l'animal nourriture et protection. Si le héron a de sérieux atouts, le pélican reste toutefois le plus prisé des oiseaux. Symbole de la charité chrétienne selon le mythe du parent nourricier qui s'écorche et qui, par son sang, nourrit et fait revivre ses enfants morts, il est surnommé par le peuple de l'eau le « petit homme ». Les pélicans viennent du Kazakhstan. Avant de rejoindre l'Arabie au terme de leur périple migratoire, ils se posent plusieurs semaines durant sur le lac. Pour s'emparer de l'oiseau, le pêcheur mohana se coiffe d'un leurre d'échassier. Doucement, il avance dans l'eau, ne laissant dépasser à la surface que l'oiseau empaillé. Lorsqu'il s'est rapproché au plus près du pélican convoité, il s'en saisit et lui cache immédiatement les yeux en lui nouant un foulard autour de la

Au Pakistan, dans la vallée de l'Indus, les Mohana vouent une véritable passion pour les oiseaux qu'ils collectionnent. Capturer et apprivoiser un pélican suscite le prestige aux yeux de tous tant l'animal est convoité.

" C'est dans leurs mouvements et leurs allures que les oiseaux se montrent si joyeux : et ce pouvoir qu'ils ont de nous réjouir à leur spectacle tient à ce que leurs manières et leur aspect expriment une aptitude naturelle, une inclination particulière à éprouver du plaisir et de la joie. "

GIACOMO LEOPARDI

tête pour ne pas l'effrayer. Au foyer qui le possède, un tel oiseau apporte honneur et prospérité, d'autant qu'il peut vivre auprès de lui pendant près de 50 ans. Chaque famille a son jardin d'oiseaux comme un ornement vivant qui égaie son horizon. Un endroit à l'écart du village, visité par le vent et les hommes fascinés, où les hôtes ailés sont retenus captifs par amour. Un lien noué aux pattes les maintiennent en effet sur le bord des rives. La beauté de ces lieux hors du commun tient dans l'art de placer harmonieusement les oiseaux en fonction de la qualité de leur plumage, de leur forme et de leur chant. Les animaux immobiles, rompus par l'habitude d'un tel traitement, n'affichant pas le moindre mouvement d'impatience ou de panique, attirent les individus sauvages et c'est ainsi que le cycle des captures se poursuit. La complicité est telle qu'hommes et oiseaux vivent ensemble en permanence. Les enfants nourrissent les jeunes et dans le sillage de leurs parents apprennent les infinies variations de leur chant. Car à force de les observer et surtout de les écouter, les Mohana ont appris, au cours des siècles, à développer un véritable langage similaire à celui des échassiers. Chaque année, ils organisent un duel entre familles pour mesurer leurs talents d'imitation. Le vainqueur est celui qui reproduit à la perfection les trilles de chaque espèce.

Chœurs de tourterelles

S'il existe environ 350 espèces d'oiseaux-chanteurs, il en est quelques-unes qui fascinent l'homme plus que d'autres. C'est le cas de la tourterelle dorée en Thaïlande. Au milieu des rizières, les maisons sur pilotis sont en bambous et, chaque jour, dans la moiteur de l'aube, le rituel recommence avec la même ferveur cérémoniale. Poignard à la ceinture, les hommes en sarong (vêtement traditionnel) élèvent vers le ciel les cages de leurs oiseaux favoris à l'aide de perches de bambous. Puis, à la faveur des premiers rayons de soleil, les tourterelles se mettent à chanter à la demande de leur propriétaire qui, pour les encourager, claquent des doigts et imitent leur cri d'appel. Les trilles s'envolent par-delà les frondaisons et unissent les hommes dans un même chœur d'oiseaux. C'est l'histoire d'une minorité malaise établie dans les provinces du sud-est de la Thaïlande, les Jawi, et d'une alliance avec la magique burung tité (nom jawi signifiant « tourterelle dorée »), variété locale dont la qualité et la beauté du chant sont si estimées que ce dernier relève presque du culte. Depuis toujours, les Jawi, paysans ou notables, responsables religieux ou directeurs d'entreprise, élèvent et éduquent les tourterelles pour des concours de chant. Régulièrement, des joutes villageoises sont organisées entre propriétaires locaux. Les tourterelles sont hissées dans leur cage d'apparât au sommet de hautes gaules mesurant sept mètres. Là-haut, les oiseaux, débarrassés de leurs inquiétudes provoquées par les bruits et les mouvements de la foule, retrouvent leur habileté et émettent leur chant. Suspendues dans les airs, ce sont parfois jusqu'à deux mille cages qui sont allignées les unes à côté des autres. Parfaitement concentrés, les arbitres, élus pour la finesse de leur écoute et leur

Les Mohana du Pakistan capturent les oiseaux pour construire des jardins vivants, se repaître de leur grâce et apprendre à les imiter. La beauté d'un tel endroit tient lieu de spectacle. Un engouement dont on trouve déjà l'illustration sur cette miniature indienne du XVIe siècle (à gauche).

la tourterelle du bonheur

Une légende malaise raconte qu'il y a bien longtemps, un oiseau mythique « Chamarawosé » pondit un œuf en volant. Dans sa chute, l'œuf se brisa en deux. Une moitié donna naissance au serpent dès qu'elle toucha le sol, tandis que l'autre, suspendue dans les branches des arbres, vit naître la tourterelle dorée, dotée du pouvoir de rendre les humains chanceux.

grande connaissance des oiseaux, se promènent au pied de cette gigantesque forêt de mâts et tendent l'oreille. Ils discutent ensuite avec les propriétaires de l'intensité, de la limpidité et du rythme du chant de chacune. La victoire d'un tel oiseau a de quoi assurer la richesse mais surtout le prestige social de son possesseur. C'est l'une des raisons pour lesquelles presque toutes les familles jawi, qu'elles soient d'origine modeste ou aisée, possèdent des tourterelles. Par la quantité et la qualité des oiseaux, c'est le pouvoir de son propriétaire qui s'affiche. Chez les Jawi, la recette du bonheur est depuis longtemps une question d'équilibre et d'équation : une agréable maison, une séduisante partenaire, une bague d'agate dont il est dit que les pouvoirs rendent invulnérables, un kriss (poignard traditionnel malais à la puissance magique) et, comble de la plénitude, une tourterelle dorée. Baignées chaque semaine dans un bain d'eau de pluie, elles sont entraînées avec une patience infinie et bénéficient pour les plus belles de cages en bambou sculptées et ornées d'ivoire et de pierres précieuses. Jusque dans les années 1960, les tourterelles sauvages étaient piégées dans les forêts malaises mais, depuis peu, elles font l'objet d'un élevage en captivité. Certains éleveurs ont, avec le temps, acquis la dimension de véritables industriels, possédant pour certains plusieurs milliers d'oiseaux qu'ils exportent dans toute l'Asie. Dans cette région du monde, où la religion musulmane est prédominante et où les jeux d'argent sont interdits, la fin de la mousson, qui célèbre aussi celle du ramadan, offre l'occasion d'organiser dans les villes et les villages de fabuleux concours de chant de tourterelles.

Pigeons sachant voyager

Un oiseau ne se juge pas seulement au chant, vous diront les « coulonneux » mais aussi par ses capacités sportives. Ils sont éleveurs de pigeons voyageurs et se réunissent par milliers, chaque fin de semaine, principalement dans le nord de la France et de l'Europe, pour pratiquer un combat sportif qui repose sur la vitesse de cet oiseau incroyable. Le principe consiste à utiliser le sens de l'orientation inné

Une forêt de mâts au sommet desquels les tourterelles se mettent à chanter sur commande. Celles dont le chant est aussi limpide que l'eau peuvent atteindre des valeurs estimées jusqu'à 100 000 dollars (concours de chant. Thaïlande du Sud).

" L'homme éprouve un sentiment de crainte face à la puissance du monde vivant. Il lui faut désespérément se civiliser sous peine de revenir à l'animalité. Alors il réinvente les animaux et, par le rôle qu'il leur fait jouer, il trouve un moyen de se rassurer. "

du pigeon, à le lâcher sur un site défini en espérant qu'il retourne à son colombier d'origine dans les meilleures conditions et surtout le plus rapidement possible. L'oiseau peut ainsi couvrir des distances allant jusqu'à 900 km en une seule journée. Pour cela, l'homme exploite le comportement de l'animal et provoque chez lui la nécessité de rentrer au plus vite au bercail en le séparant de son ou sa partenaire ou de ses jeunes. Pour regagner leur pigeonnier, ces oiseaux répondent à certaines stimulations de l'oreille interne. Dans leur cerveau se trouvent des calcium et des corpuscules de magnétites qui leur permettent de trouver leur route en restant réceptifs à l'inclinaison du soleil et aux reliefs géologiques. Chaque week-end, ce sont plus de 500 000 pigeons voyageurs qui traversent ainsi la France à des vitesses de 50 à 120 km/h selon la direction et la force des vents. Les pigeons sont acheminés par route ou voie ferrée jusqu'au lieu de l'association organisatrice de concours. Ils sont bagués puis, lorsque les conditions météorologiques sont suffisamment favorables, les oiseaux sont lâchés par centaines. Tous s'élancent et opèrent instantanément plusieurs tours dans le ciel afin de s'orienter pour prendre chacun la bonne direction qui les ramènera à leur pigeonnier. Si la domestication de ces véritables athlètes remonte à la haute Antiquité – les Grecs s'en servaient déjà pour faire connaître les résultats de leurs spectacles sportifs devenus les Jeux Olympiques –, les compétitions colombophiles, donnant lieu à de véritables représentations, ne se sont réellement développées en Europe qu'à partir du XVIIIe siècle après que la Révolution de 1789 démocratise la possession de ces oiseaux. Bien que le Nord Pas-de-Calais et la Belgique demeurent les fiefs incontestés des « coulonneux » depuis 1890 – en 1849 fut créée en France, à Roubaix, la toute première association colombophile –, ce sport a désormais conquis le Japon et les États-Unis.

Montreurs d'ours

Une légende tzigane selon laquelle l'ours serait né d'une femme, perpétue le souvenir de l'animal ancêtre et père des hommes. De ce récit est née une tradition, celle des montreurs d'ours, que les Tziganes d'Europe centrale ont pratiqué durant tout le Moyen Âge sur l'ensemble de l'Ancien Continent. Importée dans les Pyrénées à la fin du XVIIIe siècle, cette pratique se transforma rapidement en un véritable métier (entre 1825 et 1845) et s'imposa même comme une spécialité propre aux vallées ariégeoises : celles de l'Alet (à Ustou) et celle du Garbet (Aulus-Ercé-Oust). Dans ces montagnes, alors peuplées d'ours et d'hommes (elles comptaient environ 10 000 habitants vers 1850), l'animal tombe à point nommé pour servir d'exutoire aux paysans, réduits à la mendicité. Beaucoup d'hommes sont bergers et, le temps d'un été, ils deviennent colporteurs, bûcherons ou manœuvres. De foires en marchés et de villes en villages, la plupart vont s'assister d'ours dressés qu'ils proposeront en spectacle aux passants. En compagnie de leurs bêtes, complices bien malgré elles de leurs errances, les montreurs d'ours sillonnent les routes d'Europe et s'aventurent même jusqu'en Amérique du Sud et au Canada, où ils sont employés dans des cirques. Cette pers-

En haut, à gauche
Montrer des ours en spectacle est un divertissement qui fit la fortune des cirques dès leur création en France au XVIIIe siècle. Cette exhibition fera le tour du monde comme en témoigne cette miniature indienne du XIXe siècle.

En haut, à droite
En Inde, les ours sont encore dressés comme ils l'étaient au siècle dernier. Maîtriser la force de l'ours participe à rendre l'homme valeureux.

En bas
Ces montreurs d'ours auvergnats (1905) n'hésitaient pas à tout quitter pour sillonner les routes avec leurs animaux des années durant. Certains d'entre eux ne sont jamais rentrés, car ils furent tués par leurs compagnons d'infortune.

ESSENCES
AUTO

grillons en bataille

Recherché pour ses stridulations, le grillon, chanteur infatigable qui joue de ses ailes antérieures comme d'un archet, a été utilisé en Chine pour le combat dès l'époque Tianbao (742-756). Les Chinois vont dès lors établir de formidables traités pour procéder à son élevage et à son entraînement. À Shandong, une région agricole située à 600 kilomètres au sud de Pékin, on élève encore à ce jour des grillons de combat pour satisfaire à cette passion populaire, pour le moins onéreuse puisque le prix d'un insecte peut, dit-on, atteindre celui d'un bœuf !

pective fait naître des vocations, et l'on devient tantôt chasseur, tantôt montreur ou dresseur d'ours. Vers 1880, on dénombre jusqu'à 200 chercheurs d'ours, dont 50 dans un seul village, celui d'Ercé. Les hommes, souvent d'habiles bergers, capturent les oursons en les kidnappant ou en sacrifiant la mère à l'arme blanche, au corps à corps, protégés par un costume de cuir et de clous en guise d'armure. L'arrivée de l'ourson dans la maison est une réjouissance car il suppose des revenus supplémentaires en perspective. Selon son âge, il est nourri de bouillies de céréales et de viande ou au biberon. Puis le dressage commence, pour le meilleur ou pour le pire, car nombreux ont été les hommes tués par leurs compagnons. Le début du XXe siècle coïncide avec la fin de l'activité des montreurs d'ours dans les Pyrénées. C'est moins cette chasse aux ours que les battues réservées à l'aristocratie touristique et le système de primes allouées à tous les paysans détruisant ou signalant une tanière d'ours, qui causa peu à peu la raréfaction de ces animaux. Autrefois très répandu dans les forêts de plaine ou de montagne, le plantigrade va finir par s'éteindre en même temps que la désertification des villages. Aujourd'hui, en France, il ne reste que quelques ours dans les vallées agro-pastorales d'Ossau et de Barétous.

Combats d'animaux

Si l'homme a su trouver matière à rire ou à s'émouvoir de la beauté ou des compétences d'un animal, il a aussi découvert le moyen de se divertir et d'exprimer sa propre violence en organisant des combats d'animaux. Une idée qui vient de loin. Il y a vingt-cinq siècles déjà, chats et chiens s'affrontaient sous la houlette de leurs propriétaires, comme en témoignent quelques bas-reliefs grecs. Lorsque le Colisée de Rome, qui pouvait contenir jusqu'à 80 000 personnes, fut inauguré par Titus en l'an 80 après J.-C., près de 50 000 animaux furent massacrés pendant les cent jours que durèrent les spectacles. Aucune autre exhibition d'animaux n'atteindra un tel gigantisme. On y verra même des veaux de mer affronter des ours. Ces jeux offerts au peuple par les empereurs participèrent à la disparition de nombreuses espèces, avant même que ces spectacles soient abolis en 526 apr. J.-C. Ils ont été interdits non en raison de leur cruauté mais à cause de la violence qui régnait dans les gradins provoquant parfois la mort de certains spectateurs. Les jeux du cirque ont ainsi illustré une mise en scène, certes incroyablement cruelle, mais paradoxalement codée et ritualisée. Le rituel donne une forme à la violence humaine, la transcende, et les animaux ont servi à l'exprimer, sous les regards de la plèbe, comme à toutes les époques et dans toutes les cultures : des combats de béliers (Afghanistan) ou de mouches (Singapour) aux luttes obligeant des chiens à combattre des ours, des taureaux ou des sangliers dans la France et l'Angleterre du XIXe siècle. Curieusement, c'est en Angleterre, pays où la défense des animaux a germé et s'est développée à partir de 1824, que la noblesse s'est longtemps réjouie du spectacle de chiens torturant des taureaux, des singes ou des blaireaux. Cette pratique, qui fut interdite en Angleterre à la fin du XVIIIe siècle, se

Ci-contre
Ces antilopes forcées d'en découdre en l'honneur d'un chef moghol prennent ici l'efficacité d'un emblème. Elles représentent, comme tous les animaux utilisés pour les combats, l'identité et le groupe social de celui qui les possède.

Double page précédente
Bouffons des cours royales ou comédiens en Inde et en Asie, les singes ont depuis toujours inspiré les hommes pour se parodier. Tel ce montreur de singe au Japon, des hommes, accompagnés de leurs animaux « savants », sillonnent encore villes et villages en offrant des spectacles. Une tradition qui se transmet souvent de père en fils.

En haut
Les combats d'animaux ont été organisés avec de nombreuses espèces animales. Les combats de chameaux (ici, représentation du XVIIe siècle) étaient très prisés en Turquie comme le sont aujourd'hui les combats de taureaux dans le nord de l'Iran (double page suivante).

En bas
Comme en Grèce, à Athènes, au VIe siècle avant J.-C., des coqs sont encore appelés à combattre.

poursuivit en France jusqu'en 1843. Des garçons bouchers organisaient ce type de rencontres sur les places de Paris. La haute bourgeoisie se mêlait à la foule en liesse, comme jadis dans les gradins romains, pour assister à des joutes montrant des ours, des ânes, des sangliers, des taureaux et même des fauves, forcés d'en découdre avec des molosses.

Duels de coqs

À Bali, les combats de coqs se déroulent dans les temples et relèvent de la cérémonie religieuse. Armés de longs éperons attachés à leurs serres postérieures, les oiseaux se battent. La mort du vaincu est considérée comme un sacrifice susceptible d'apporter de bonnes récoltes. En Thaïlande, les coqs s'affrontent sans artifices, et le vaincu a la possibilité de s'enfuir, ce qu'il ferait s'il était confronté à la même situation en milieu naturel. Il n'en est pas de même aux Antilles, où ce type de combats suscite par ailleurs des paris importants. Les coqs sont élevés, entraînés et préparés en conséquence. Les ailes, comme les plumes du cou et de la queue, sont écourtées, voire arrachées sur le ventre et sur les cuisses. Les barbillons et les crêtes sont coupées pour que ces excroissances n'offrent pas de prise au combat, tandis que les pattes sont pourvues d'ergots artificiels tranchants. La rencontre a lieu dans un « pitt à coqs », ring ovale autour duquel s'enhardit une foule semblable à celle des arènes. En France, on appelle cet endroit « gallodrome », car la tradition des combats de coqs existe également en Europe depuis le XIIe siècle. Aujourd'hui encore, elle génère une importante activité lucrative, plus ou moins légale, dans le nord de la France et en Belgique. Les entraîneurs et les propriétaires de tels animaux portent le nom de « coqueleurs » et le sont généralement de père en fils. L'initiation a lieu très tôt. L'enfant commence par observer les gestes au contact d'un parent. Il apprend à accepter la mort de l'animal et à saigner les oiseaux vaincus. En dehors du combat, l'éleveur s'applique à faire ce que l'homme a toujours pratiqué depuis les prémices de la domestication : une sélection rigoureuse. Il opère ainsi des croisements entre des coqs de tempérament plus agressif et des poules issues de lignées de champions. Puis, il suit l'éclosion des jeunes. Jugé sur ses qualités naturelles, testé à plusieurs reprises au cours de sa jeune vie, le coq de combat est considéré par son propriétaire comme un être à part, qui n'a rien à voir avec la basse-cour et dépasse de loin les autres animaux. Les coqs portent pour la plupart des noms tirés des héros de la mythologie ou de l'histoire, et le coqueleur se fait le metteur en scène d'un combat qu'il veut sauvage, violent et ensanglanté. Il se projette dans son coq, considéré comme un guerrier, jusqu'à mimer les mouvements du corps de l'animal lors de l'affrontement attendu.

Les zoos

Il semble que, dans l'histoire des peuples, les zoos soient apparus en même temps que les grands empires. L'Assyrie, la Babylonie, la Perse antique et les Aztèques, en collectionnant les animaux sauvages et en les enfermant, tenaient un véritable discours social : les rois présen-

“ Ces animaux forcés de combattre n'existent que dans l'idée que l'on s'en fait. Ils deviennent, le temps d'un spectacle sanglant, les représentants et les porte-parole de notre propre violence. ”

" Le jour où l'on acceptera enfin qu'il existe une pensée sans parole chez les animaux, nous éprouverons un grand malaise à les avoir enfermés et humiliés par nos rires. "

taient leur domination sur tous les êtres vivants. Les Grecs, passionnés de démocratie, ne construisaient pas de zoos, alors que les Romains érigeaient des cirques et des vivariums, et capturaient les animaux pour les donner en spectacle au cœur des arènes. Au XVIe siècle, en Italie, fut créé le zoo public. On exhiba des animaux exotiques, ce qui inspira le roi Louis XIV. La mode sera reprise dans les jardins de Versailles pour distraire la noblesse et manifester l'étendue du pouvoir royal. En 1793, la création de la ménagerie du Jardin des Plantes, associée au Muséum national d'histoire, relève d'une démarche scientifique. Ce n'est qu'à la fin du XIXe siècle que le divertissement se démocratise et devient populaire. L'ambition est alors très claire : instruire le peuple. Les villes-phares, capitales et vitrines des nations les plus brillantes, érigent de zoos. Afficher son pouvoir demeure à la base de l'entreprise, au détriment même de la réalité, puisque les animaux en captivité ne reproduiront jamais un comportement naturel. Depuis les années 1970, la tendance est au parc animalier et aux programmes de conservation des espèces. Cette évolution naquit en même temps qu'une plus forte détermination de la part des mouvements de défense des animaux. Ainsi, certains parcs – qui relèvent de l'exception car trop nombreux sont encore les zoos mouroirs – ont créé des réserves génétiques permettant, à terme, de réintroduire les animaux dans la nature. Quelques rares espèces ont pu ainsi être préservées et réintroduites, comme le cheval de Przevalski, décimé au XXe siècle et sauvé in extremis, ou le tamarin-lion (singe du Brésil), dont il ne restait à l'état sauvage que quelques dizaines d'individus dans les années 1980. Néanmoins, l'implication des zoos est particulièrement minime dans la préservation des espèces. Malgré de réels progrès, il ne faut pas se laisser berner par le mercantilisme de la majorité d'entre eux, ni se tromper d'engagement.

La course camarguaise

Si les bêtes ont été considérées comme des objets de collection, elles ont aussi permis à l'homme de se divertir en se mesurant à elles. De blanc vêtu, l'homme qui se fait appeler le « raseteur », aidé par les « tourneurs », qui ont pour mission de placer le taureau au meilleur endroit, joue véritablement avec l'animal. Il se frotte à son agilité et à sa puissance pour lui subtiliser la cocarde qu'il porte au front, les glands (pompons placés sous chaque corne) ainsi que les ficelles accrochées au cornage, à l'aide d'un crochet comportant quatre lames recourbées. L'habileté est de rigueur, la danse n'est plus sanglante, et l'homme et la bête sont à armes égales. Chaque spectacle ne dure pas plus d'un quart d'heure et une fois la course terminée, l'animal rejoint sa horde dans les marais. Dans le delta du Rhône, les taureaux victorieux meurent de vieillesse et ont droit à une tombe. Garrot tranchant, yeux saillants, encolure allongée, tempérament plus vif que celui des taureaux espagnols, le taureau de Camargue est prédisposé, par sa souplesse et sa combativité, à ce type de courses. Si les plus anciens témoignages de la course camarguaise remontent au tout début du XVe siècle, on trouve cependant des courses de taureaux en Crète voilà plus de trente-cinq siècles.

À gauche
Lorsqu'en 1826 cette girafe arrive au Jardin des plantes, sa présence exotique suscite une véritable euphorie auprès du public.

Ci-contre
Ces femmes nourrissant un ours s'amusent de ce qu'elles considèrent comme un spectacle parce qu'elles ne se représentent pas l'animal autrement que comme un objet de divertissement. (Lithographie de 1903.)

A.D.

" Nos taureaux camarguais sont taillés en sportifs,
tout en souffle et en muscles.
Au fil des courses, ils s'aguerrissent et s'affermissent.
Ils portent la joie de tout un peuple. "

HENRI LAURENT — MANADIER

À gauche
La course camarguaise n'aspire pas à faire couler le sang de l'animal mais à mettre en valeur les extraordinaires capacités sportives de l'homme, à mains nues face au taureau. (La cocarde d'or à Arles.)

À droite
Contrairement à la corrida, l'animal a ici le dernier mot au terme d'une course au bord de la mer, en Espagne, qui se solde par un bain forcé des spectateurs !

jeux équestres des plaines **afghanes**

En 5 000 ans de cohabitation rapprochée avec le cheval, l'homme a eu le temps d'inventer toutes sortes de jeux équestres. Bien avant de devenir des spectacles, ces rencontres sportives ont été des entraînements guerriers visant à aguerrir la précision et la maîtrise des cavaliers. C'est le cas du bozkachi afghan, l'une des disciplines équestres les plus anciennes. On dit que ses origines remonteraient à l'époque d'Attila, chef des Huns (dès 445), peuple cavalier des steppes. Des témoignages prouvent que ce jeu était pratiqué au XIIIe siècle dans les plaines nordiques de l'Afghanistan où il se joue aujourd'hui encore. L'enjeu des deux équipes est la dépouille d'un veau ou plus généralement d'une chèvre décapitée (le boz) que les cavaliers (les tchopendoz), doivent se disputer afin de la placer dans un cercle appelé « le cercle de justice ». Pour y parvenir, tous les coups sont permis. L'histoire dit que ce jeu serait l'ancêtre du horse ball. On trouve aussi en Argentine, un jeu similaire, le pato, où une boule a désormais remplacé l'animal vivant jadis employé.

Jeu équestre ancestral, le bozkachi du Turkestan implique une utilisation et une maîtrise des chevaux aussi spectaculaire que violente.

un dialogue Sans parole

Depuis toujours, l'homme a rêvé de communiquer avec les animaux. Il s'est servi de leurs dons pour l'aider dans son activité de chasseur et de cueilleur. Fasciné par leur rapidité, leur vue, leur agilité, il s'est approprié leurs divers talents en les apprivoisant. Une surprenante alliance est née. Elle s'est répétée partout dans le monde, à toutes les époques et avec différents animaux. Mais quelle est la clé de cette connivence ? Par quels moyens l'homme et l'animal parviennent-ils à se comprendre ?

l'alliance Avec le sauvage

Fasciné par les dons formidables de certaines espèces animales, l'homme a su aussi s'allier avec quelques-unes d'entre elles pour exercer son activité de chasseur et de cueilleur.

Un cri puissant, animal, heurte le silence, roule dans le vent, s'évanouit, porté vers la Chine, ou peut-être vers l'empire Russe. Ce son est celui de la proie qui va mourir, et c'est un cavalier qui l'a lancé au ciel. Perché sur son bras droit ganté de cuir, un aigle attend, tendu. Toute la puissance de l'oiseau s'est concentrée dans ses serres. Prêt à attaquer, il attend la seconde alerte. Son impatience lui fait déplier parfois les ailes et gonfler son plumage. L'aiglier (le birkutchi) ôte alors le chaperon de cuir (le tomarra) qui recouvre les yeux de l'aigle, libère ses pattes des entraves qui le retiennent à lui et pousse un autre cri, signal de l'envol. Au pied des collines, un renard furète entre des touffes d'herbes, ombre rousse insouciante qui se veut invisible et paraît inaccessible. C'est sans compter avec les performances visuelles de l'oiseau. L'aigle a repéré le renard, situé à plus d'un kilomètre de distance. Les ailes déployées, il fond sur sa victime, la cloue au sol et la tue net entre ses serres. Lièvres, bouquetins et même loup, rien ne lui échappe. Quand l'homme le rejoint, l'aigle a déjà commencé à déchiqueter sa proie. Pour lui faire lâcher prise, le cavalier tire de sa besace (jemkalta) un morceau de viande et le lui donne en échange du gibier.

Doté d'une rétine possédant deux zones d'acuité visuelle, l'une servant la vision stéréoscopique et l'autre la vision panoramique, l'aigle possède en fait l'équivalent d'une paire de jumelles disposant d'un grand angle (environ 300 degrés) et grossissantes (jusqu'à huit fois plus que la vision humaine), grâce à des gouttelettes colorées spéciales situées devant les cellules rétiniennes. Plus le nombre de cellules photosensibles est élevé, plus la définition de l'image est excellente. Aucun animal ne perçoit la même chose et, pour chaque espèce, il existe une vision particulière – avec des spectres de sensibilité variés – adaptée à son mode de vie. Si par exemple, la vision de l'insecte, bâtie sur l'œil à facettes, est spécialisée dans le traitement des mouvements de son environnement, celui de l'escargot n'a d'efficacité que face à un mouvement aussi lent que sa progression. Chaque animal possède une perception de l'espace qui lui est propre et un certain nombre d'images discernables par seconde : près de trois cents images pour tel oiseau, vingt-quatre pour l'homme et moins d'une pour le gastropode. L'œil à cristallin de l'aigle comme ceux de tous les vertébrés repose sur le même principe qu'un appareil photo, dont le diaphragme serait l'iris et la pellicule, la rétine. Les herbivores, eux, ont une vision panoramique et des milliers de cellules photosensibles pour analyser l'image et les renseigner sur le moindre mouvement telle l'approche d'un aigle.

Page précédente
Comme en témoigne cette photo prise en Inde : plus on cherche à découvrir l'autre et à comprendre son univers, plus on le considère.

Ci-contre
Au royaume des aigles, dans les montagnes du Kazakhstan, les hommes transmettent encore à leur fils le savoir nécessaire pour chasser avec le roi des oiseaux.

" Pour les Kazakhs, l'âme des morts est blottie sous l'aile de l'aigle, et c'est l'oiseau qui l'emporte vers les cieux "

Cela fait 4 000 ans que les Kazakhs ont appris à dompter le roi des oiseaux et à se servir de ses talents de chasseur. Pendant des siècles, ce peuple de bergers a régné sur l'Asie centrale. Avec les guerres et les invasions, les Kazakhs ont perdu leurs terres, mais certains ont conservé un savoir ancestral, inestimable, qui fait encore leur fierté : le secret de l'alliance avec les grands oiseaux. Aujourd'hui, quelques rares hommes transmettent ce précieux héritage à leurs enfants. Une tradition qui a bien failli disparaître, dans les années 1950, avec l'avènement du communisme, puis avec les campagnes d'extermination de l'aigle, considéré alors comme un infâme prédateur. Ils ont bâti leur maison dans les montagnes. Autour des jardins, chevaux, cochons, volailles et chiens côtoient les aigles juchés sur des portiques. C'est là que commence le dressage. Car pour chasser avec le roi des oiseaux, il faut d'abord lui apprendre à vivre avec l'homme. Pour apprivoiser le jeune rapace qu'il a capturé au filet – il est impossible de faire se reproduire ces rapaces en captivité –, l'homme doit d'abord le soumettre. Des jours durant, il l'empêche de dormir et de se nourrir pour l'épuiser. Sans discontinuer, il le fait se balancer sur un perchoir ou sur une corde tendue entre deux arbres, la tête encapuchonnée, les pattes ligotées. Au bout de trois jours, l'aigle est décoiffé, nourri et caressé. Il est temps pour l'homme de lui enseigner à vivre sous sa dépendance et, surtout, à chasser à ses côtés. Le dressage dure plusieurs semaines et requiert une précision et une patience extrêmes. L'oiseau est maintenu affamé, juste assez pour qu'il conserve à la fois une bonne tonicité en vol et son instinct de capture. Dès que l'animal a compris les attentes de l'homme, les deux chasseurs complices quittent la demeure familiale et s'en vont dans la montagne côtoyer le silence et l'infini. L'alliance n'est pourtant pas éternelle. Au terme de plusieurs années de vie commune, le chasseur rend à l'oiseau sa liberté. Dans un monde d'aigle, l'habituation mène en effet à une sorte d'anesthésie vitale et, par conséquent, à une indifférence envers le gibier, le comble pour un oiseau de proie.

Une fois l'aigle apprivoisé, la complicité avec l'animal s'entretient au cours de promenades quotidiennes. À la chasse, au signal de l'homme, l'oiseau s'envole et fond sur sa proie.

le monde sous tous ses angles

Chez un prédateur, la vision, localisée sur le front et associée à un nombre élevé de cellules photosensibles spécialisées dans le contraste et l'évaluation des distances, permet au chat, comme au loup ou au tigre, de ne pas rater sa proie. Toutefois, les yeux ne sont pas indispensables dans le règne animal. De nombreux animaux, comme les taupes, ont une appréhension précise du paysage dans lequel ils évoluent grâce à d'autres organes sensoriels (tactiles, olfactifs, thermiques, électriques, etc.), réceptifs aux moindres stimuli et transmis immédiatement au cerveau pour y être analysés.

" D'un coin à l'autre de la planète,
nombreuses sont les sociétés traditionnelles
où le chasseur vit dans la crainte
que les congénères de l'animal qu'il abat
ne se vengent en refusant de nourrir les hommes. "

L'art de la chasse

Les premières traces démontrant de manière évidente une pratique régulière de la chasse collective sont attribuées à nos ancêtres Homo erectus, il y a 1,5 million d'années. Le fait de tuer les animaux a certainement été fondateur de l'humanité, car il exige que le groupe se spécialise et s'ordonne à cette fin. Des rapports de coopération ont pu naître, ainsi qu'une convention de signes gestuels, de règles de partage du gibier. En outre, en abattant la bête, l'homme a dû éprouver le sentiment puissant de dominer la vie. À l'origine, les premiers chasseurs ont tué les animaux à l'aide de pierres, utilisées comme projectiles, d'épieux et de massues, puis les techniques se sont diversifiées et améliorées en fonction du gibier à chasser ; l'homme a inventé les sagaies à pointe de pierre ou d'os, le propulseur, le harpon et l'arc entre 20 000 et 10 000 ans av. J.-C.. À la même époque, l'utilisation du chien comme auxiliaire voit le jour au Moyen-Orient, puis en Europe du Nord. Au fil du temps, l'homme a tenté de trouver d'autres alliés à la chasse auprès de différentes espèces : dans l'ancienne Égypte : la hyène, pour pister le gibier blessé ou le chat, pour chasser le canard et, dans un autre registre, au Moyen Âge, la genette et la couleuvre, pour se débarrasser des rongeurs. De nos jours, les partenaires les plus usités demeurent le chien, le furet (pour les lapins) et les rapaces.

Outre la nécessité alimentaire de la chasse, cette activité va rapidement prendre une fonction sportive et divertissante. C'est ainsi que les Égyptiens vont exceller dans la capture du petit gibier, à l'arc et au javelot, tandis que les gros mammifères sont débusqués par les chiens et rabattus vers des filets. En Perse, l'herbivore est attrapé au lasso. Réservée à la noblesse assyrienne, la chasse au lion est très prisée. Cette tradition va d'ailleurs coûter la vie à ce félin du Proche-Orient, chassé jusqu'à son extinction au XIXe siècle. Au moyen de filets, de chiens et d'hommes à pied, Grecs et Romains vantent les réjouissances procurées par une belle battue. Au Moyen Âge, la noblesse se réserve l'exclusivité de la chasse, qui symbolise la domination et l'adresse au combat ; la chasse à courre et la fauconnerie, rapportée d'Orient, égayent la vie des seigneurs et, au XIIIe siècle, on discourt beaucoup à propos de l'apparition des premiers traités. L'exclusivité seigneuriale sur la chasse demeure jusqu'à la Révolution française.

La fauconnerie

La fauconnerie est l'art de capturer une proie à l'aide d'un rapace dressé à cet effet. En Orient, l'utilisation des rapaces, et en particulier celle des faucons pour la chasse, remonte au Ier millénaire av. J.-C. Croisés, aventuriers et marchands rapportèrent dès le Moyen Âge cette tradition sur le continent européen, où elle connut un grand succès auprès de l'aristocratie. La fauconnerie va régner sur toutes les cours d'Europe pendant des siècles, pour atteindre son apogée sous Louis XIII, époque à laquelle la vénerie marque son déclin. On discerne deux types de chasse : le « bas vol », pour lequel les vautours chassent au ras du sol et terrassent leur proie à terre, et le « haut vol », ou

Vénéré, le chat était aussi utilisé par les Égyptiens pour chasser les canards cachés dans les roseaux du Nil. (Égypte. Tombe de Nebamur.)

les prédateurs du ciel

De la même manière que les lions, les loups ou autres espèces grégaires habituées à opérer ensemble pour capturer une proie, certains faucons n'hésitent pas à s'associer pour chasser. D'autres espèces de rapaces, comme la buse à croupion blanc, sont quant à elles parfaitement capables de collaborer avec plusieurs individus afin d'harceler un gibier jusqu'à l'épuisement.

fauconnerie, qui fait appel à des rapaces capables d'attaquer un autre oiseau en plein vol grâce à leur rapidité. Lorsqu'il plonge en piqué, le faucon pèlerin peut atteindre la vitesse de 280 kilomètres à l'heure.

Du flair à la cueillette

Dans sa quête de nourriture, l'homme ne s'est pas seulement assisté de prédateurs dressés à la chasse, il a jeté aussi son dévolu sur des espèces certes plus discrètes mais tout aussi efficaces comme l'abeille pour le nectar qu'elle fabrique, le singe pour cueillir les dattes et les noix de coco ou le cochon afin de rechercher la truffe noire, un champignon souterrain, qui se cache entre les racines des chênes. Considérée comme un don du ciel, la truffe, prisé pour son arôme, faisait déjà partie des préparations culinaires 40 siècles avant J.-C., en Mésopotamie. Pour la trouver, le cochon est le meilleur allié de l'homme. Grâce aux extraordinaires capacités de son groin, dont il se sert comme d'un détecteur, l'animal omnivore réussit en effet à localiser rapidement le champignon, guidé et captivé par les vapeurs hormonales qu'il dégage. Domestiqués probablement à partir de sangliers, il y a 8 000 ans, simultanément dans plusieurs régions d'Asie, d'Europe, d'Afrique du Nord et d'Océanie, les cochons ont été utilisés comme truffiers dans plusieurs provinces françaises à partir du Moyen Âge. Une mission confiée au porc qui a transformé quelque peu notre manière de le considérer. Associé à l'apparition des premiers villages, son emploi et son rôle dans nos vies sont en effet toujours restés liés à son sacrifice ou à la transformation de sa chair en nourriture. Calomnié et rejeté par les populations nomades au IIIe millénaire av. J.-C. en raison de son incapacité à suivre les déplacements des hommes, le porc est en revanche élevé par les paysans établis dans la vallée du Nil. 1 000 ans plus tard, sa consommation est codifiée en Égypte, où il est mangé le jour de la pleine lune et sacrifié au culte d'Osiris. Pendant des siècles, le porc urbain vagabond va jouer le rôle d'éboueur dans les villes occidentales, se nourrissant d'ordures et déterrant les cadavres des cimetières. Dans les campagnes, un porcher mandaté par les paysans garde les cochons du village, vit avec eux au cœur des forêts, sommeille sous les chênes au pied desquels les cochons fouillent le sol à la glandée (recherche des glands du chêne). Le porc sert aussi de rabatteur de gibier pour les paysans anglais qui, au XVIIe siècle, étaient interdits de chiens de chasse. Parfois, ils s'enfuient pour retrouver leurs congénères sauvages. Dans la nature, les cochons retrouvent très vite leur indépendance et le mode de vie des sangliers.

La collecte du miel

Avant même la naissance de la sédentarité, nos ancêtres ont sans doute, à l'instar des ours, pillé le miel des abeilles sauvages au creux des arbres et des rochers. Certaines peintures rupestres attestent en tous cas de la connaissance de ces insectes par les hommes. On retrouve des témoignages de récolte du miel à toutes les époques notamment en Égypte et en Grèce où l'on savait déjà enfumer les abeilles pour prendre leur miel

L'homme a pu dresser le faucon en créant une passerelle entre le monde de l'animal et le sien. Le contact permanent entre les deux a permis à l'un comme à l'autre de se faire mutuellement confiance.

le guépard ou la puissance du chasseur

Lancé en pleine course, jusqu'à 120 km/h, le guépard est un sprinter hors pair qui anticipe en permanence les mouvements de sa victime. Cette aptitude n'a pas été sans susciter l'intérêt des hommes voilà plus de 3 000 ans. Rois sumériens, empereurs assyriens puis pharaons égyptiens l'ont en effet capturé et dressé pour la chasse au gibier rapide. L'utilisation de sa maléabilité et de ses incroyables aptitudes s'est ensuite répandue de l'Asie Mineure à la cour des Grands Moghols, en Inde. La pratique de la chasse au guépard prit son essor en Occident entre le XIVe et le XVe siècle. À l'état sauvage, la population de ce grand félin a commencé à diminuer voilà 10 000 ans sans que l'on sache réellement pourquoi. Il reste aujourd'hui moins de cinq mille individus dans le monde dont la survie risque d'être remise en cause par le braconnage, la pression des éleveurs, la diminution de leur territoire et les problèmes de consanguinité.

Taillé pour la course, le guépard ne l'est cependant que sur une courte distance, car il ne dispose d'aucun mécanisme de refroidissement (par évaporation) pour éviter que sa température corporelle augmente lorsqu'il court. C'est la raison pour laquelle il doit abandonner la chasse après un sprint de 300 ou 400 m (Jahangir à la chasse. 1598-1603. Miniature moghole).

sans les tuer. Si l'apiculture prend alors son essor dans ces régions, elle ne se perfectionnera en Occident qu'à partir du Moyen Âge. Au XIXe siècle apparaissent enfin les fameux casiers mobiles permettant à l'apiculteur de récolter le miel sans détruire l'ouvrage des abeilles, épargnant ainsi aux insectes la tâche fastidieuse de reconstruire les rayons. Au Kenya, les Borans, une tribu semi-nomade, récoltent depuis toujours le miel en s'associant avec un oiseau sauvage baptisé « l'indicateur ». Lorsqu'ils l'appellent en sifflant, cet oiseau, qui ressemble à une alouette, se montre, siffle à son tour, puis vole de branche en branche pour guider les hommes jusqu'au lieu où ils trouveront un nid d'abeilles. Après avoir prélevé leur part, les hommes abandonnent à l'oiseau la cire et les larves, qui constituent sa nourriture favorite. On suppose que l'oiseau a compris à quel point le partenariat avec l'homme lui était nécessaire, car, son bec étant trop fin, il lui est impossible de se débrouiller seul pour creuser l'écorce des arbres dans lesquels les abeilles établissent leur ruche. Une association née probablement aux origines de la récolte du miel par l'homme, il y a 20 000 ans, comme en témoignent les peintures rupestres au centre du Sahara et du Zimbabwe.

Les singes cueilleurs

Ailleurs, sur les rives du lac Maninjau, en Indonésie, où vit le peuple Minang, l'objet du désir des hommes ne se trouve pas au sol mais dans le ciel. Tandis que les femmes travaillent les rizières en compagnie des buffles, les hommes s'occupent des cocotiers qui représentent la principale ressource économique de ce pays. Depuis longtemps, ceux-ci ont trouvé dans la nature un partenaire idéal, aussi doué qu'agile, pour grimper au faîte de ces arbres de 15 m de haut afin de cueillir les précieuses noix destinées à la production d'huile : le macaque à queue de cochon. Dotés d'un caractère timide, prompt à mordre ou s'enfuir à la moindre peur ou contrariété, ces singes, parmi les cinq espèces de macaques du pays, sont capturés à l'état sauvage pour leur exceptionnelle aptitude à grimper naturellement au sommet des arbres.

la danse des abeilles

À force de les observer, l'éthologue allemand Karl von Frisch put décrire, en 1919, la fameuse « danse » des abeilles. Chaque abeille est en effet capable d'indiquer la localisation et la distance d'un site au reste de la ruche en exécutant une danse constituée de cercles et de frétillements. Ce « langage » exprime avec précision la position du soleil, la direction du vent comme la distance et l'importance d'une miellée où ses congénères vont pouvoir trouver des fleurs.

Page de gauche, en haut
Pour ses propriétés nutritives et médicinales, le miel des abeilles est récolté depuis longtemps. Maintenues en semi-liberté, les abeilles ont été ainsi domestiquées par ceux qui sont devenus avec le temps des apiculteurs (enluminure du XIIIe siècle).

Ci-dessus et à droite
Friands de tubercules, les porcs savent immédiatement détecter les truffes. C'est en observant ce comportement naturel que l'homme s'est assisté de l'animal pour son propre usage.

En Thaïlande, des milliers de macaques travaillent dans les plantations de cocotiers. Chaque animal est capable de récolter en moyenne 1 000 noix de coco par jour, soit trois fois plus qu'un homme. Autrefois, ils étaient utilisés dans les mêmes conditions pour cueillir les dattes en Égypte.

" Les singes adorent rire.
Pour savoir si deux animaux s'aiment bien,
on peut compter les sourires qu'ils s'adressent.
Au-dessus d'un certain chiffre,
ils s'embrassent. "

" Les animaux sont des déclencheurs d'émotion. Depuis les origines, ils nous ont toujours impressionnés par leurs aptitudes, leur vigueur, leur beauté. "

Ils sont habitués au contact avec l'homme sans brutalité, car traumatisé, un singe est incapable d'effectuer correctement le travail demandé et, de plus, il présente un réel danger pour l'homme. Encouragés, dès l'âge de 3 ans, à grimper au sommet des arbres pour y décrocher les fruits, les singes se révèlent très vite d'excellents cueilleurs, parfaitement capables de faire la différence entre les fruits mûrs de ceux qui ne le sont pas. Héritier d'un savoir-faire traditionnel, cet apprentissage basé sur le mode progressif, nécessite une infinie patience et beaucoup de douceur huit mois durant. Ce dresseur doit s'adapter au rythme et au tempérament de son élève jusqu'à l'amener au résultat recherché. Au bout d'un certain temps, il suffit de lui crier « ripe » (qui signifie « mûr » en anglais) pour lui indiquer les fruits à décrocher, ce qu'il fait alors instantanément. Les performances de ces animaux, mis en confiance par les caresses et les offrandes alimentaires, font la fierté de leur maître, et chaque année a lieu un grand concours de cueillette de noix de coco. Les singes, qui vivent en moyenne 25 ans, demeurent en permanence auprès des hommes et des familles avec lesquels il travaille. Au-delà du compagnonnage, ces singes représentent pour l'industrie cocotière du pays une main d'œuvre inestimable car non rétribuée. Toutefois, personne ne s'en plaint : ni les ouvriers, loin de juger les macaques comme des concurrents déloyaux, ni les sociétés de défense des animaux qui soulignent au contraire la portée sur le plan écologique d'une telle association entre l'homme et le singe. Pour l'aide qu'il procure aux humains, le singe est respecté et sa population maintenue à l'état naturel, bien que la déforestation menace considérablement, comme partout ailleurs, le fragile habitat des animaux.

Cette utilisation des singes témoigne bien de la manière dont les bêtes ont inspiré les hommes. Dès le début de l'aventure humaine, ils ont été fascinés par ces animaux porteurs d'un don particulier qu'ils allaient pouvoir adapter et utiliser. Chaque culture a procédé à sa manière pour travailler avec l'animal. Lorsque les humains vivaient dans des sociétés fondées sur un rapport de force, on pensait que l'unique moyen de dresser une bête était de la dominer. Certaines avaient déjà compris que côtoyer les animaux dans un climat de confiance étaient bénéfiques. La culture occidentale n'a pas eu cette réaction. Il a été, au contraire, très pratique de penser que les animaux n'étaient que des machines biologiques pour pouvoir les massacrer en masse et les manipuler brutalement comme des outils. Cela n'avait pas la moindre importance puisqu'ils n'avaient pas d'âmes. Nous avons longtemps cru que les animaux étaient des être de nature, dotés seulement de pulsions et que par conséquent, nous étions des êtres de culture, doués de parole, donc de pensée. Or, il faut se rendre à l'évidence : si les animaux nous ont servi de modèle pour la chasse, pour organiser la pêche et même un certain style de cueillette, ils nous ont aussi rendus curieux de leur monde, ce qui nous a permis de mieux saisir le nôtre. On sait maintenant qu'ils vivent dans un univers qui est le leur et que plus on cherche à le décoder et à savoir comment il s'organise, plus nous comprenons l'homme.

Les singes macaques sont généralement capturés dans la nature puis habitués à la présence de l'homme jusqu'à ce qu'ils acceptent d'être touchés sans mordre ou s'enfuir. L'animal observe ensuite l'homme cueillir des noix de coco et procède par imitation.

une histoire d'Attachement

Communiquer avec un animal ne nécessite pas forcément l'usage de la parole. Nombreuses sont les passerelles sensorielles qui permettent d'aller l'un vers l'autre pour apprendre à se connaître, à se côtoyer et à se parler.

Rivière Li, sud de la Chine. Le long des berges se dressent les montagnes célestes, vierges et éternelles, enchâssées dans la mémoire de la terre, barbouillées d'ombre, de brume et de lumière mouillée. Un radeau, coquille de noix à fleur d'eau, glisse paisiblement sur le fleuve. Aux côtés du pêcheur trônent des cormorans, immobiles, minces et fiers, pareils à des sentinelles minérales. Ils portent le noir de l'onyx et la silhouette dépouillée de ces êtres simples cache leur flamboiement et leur nature exceptionnelle ailleurs, dans le cristallin des yeux et l'aisance du corps. Soudain, l'embarcation s'arrête. Moment de flottement. Puis l'homme donne le signal. Il s'agite en poussant des cris et frappe la surface de l'eau avec son bâton : la pêche peut commencer. Stimulés, les cormorans se jettent dans la rivière. Sous la surface, les ailes plaquées au corps, les oiseaux d'encre, souples comme des algues, ondulent et filent à toute allure, propulsés par de vigoureux coups de palme. Rien n'échappe à leur vue, même dans les eaux les plus troubles. Une contraction du muscle ciliaire étrangle le cristallin de l'œil et le fait saillir. Cette accommodation compense ainsi la perte de la réfraction cornéenne et permet à l'oiseau de distinguer un poisson jusqu'à vingt mètres de profondeur. Aucun moyen d'échapper à son attaque fulgurante. Comme un harpon, le cou de l'animal délié atteint sa cible à la faveur d'une brusque extension. Une fois le poisson saisi et solidement maintenu grâce au crochet du bec, l'oiseau remonte à la surface et ramène immédiatement son butin sur le bateau de bambou où le pêcheur le fait régurgiter. La pêche terminée, il se sèche longuement, les ailes déployées offertes au vent pour pallier une déficience au niveau de l'imperméabilité de son plumage. Par défaut de sécrétion de la glande uropygienne, les plumes sont en effet incapables de remplir leur rôle d'isolant thermique. Un handicap qui, toutefois, ne l'empêche pas de sortir entre huit et dix livres de poissons par jour pour les pêcheurs dont il dépend. Il y a longtemps que les peuples de ces contrées, les Djuang, à l'instar des Pai, une minorité tibéto-birmane habitant près du lac ErHai, dans le sud-ouest de la Chine, ou encore à Quanzhou, au sud-est de Canton, ont fait des cormorans leurs alliés à la pêche. Ils sont leur trésor, élèvent leurs enfants avec eux et les enterrent solennellement lorsqu'ils meurent.

Apprendre à se côtoyer

Dresser des cormorans adultes capturés à l'état sauvage pour leur apprendre à pêcher serait une tâche bien trop ardue. En revanche, tout devient plus simple lorsque les oiseaux sont « imprégnés », c'est-à-dire, dans ce cas

L'habileté des cormorans est utilisée depuis des siècles au Japon et en Chine, alors qu'en Europe, cet oiseau est perçu comme un concurrent par les pêcheurs qui le tiennent pour responsable de la disparition du poisson.

" Pendant vingt ans,
le cormoran pêchera pour l'homme, et s'il est fort, ce dernier le mariera.
Et quand il sera trop vieux,
son ami le pêcheur lui fera boire de l'alcool de riz pour qu'il parte en douceur. "

précis, habitués aux pêcheurs dès leur naissance. Pour cela, les pêcheurs prélèvent des œufs de cormoran qu'ils font ensuite couver par des poules pendant vingt-cinq jours. Ils les leur retirent quelques jours avant l'éclosion en veillant à les conserver à bonne température, demeurent auprès d'eux et leur parlent afin de familiariser déjà les jeunes à la voix humaine. Deux ou trois jours avant de briser la coquille, les oisillons perçoivent parfaitement les sons extérieurs et peuvent même communiquer avec leurs parents biologiques. Chez les cormorans, comme pour tous les autres oiseaux de mer, le système de reconnaissance familial est avant tout acoustique : parents et jeunes s'imprègnent de leurs voix et l'homme remplace la mère.

L'entraînement peut commencer lorsque les oisillons ont cinq mois. Le pêcheur en charge de sa couvée va alors exploiter à son avantage l'aptitude naturelle des cormorans à la pêche. Il leur attache d'abord une cordelette autour des pattes, puis les pousse un à un dans l'eau avec une perche tout en sifflant un air particulier, sorte d'avertissement qui figure pour eux le moment venu de la mise à l'eau et du plongeon. Cette première épreuve réussie, il leur jette ensuite des petits poissons pour les inciter à pêcher, puis les récompense et les félicite à chaque capture. La pêche terminée, il tire sur la corde pour les ramener sur le bateau en émettant un autre signal. Au bout de trois mois d'entraînement, à raison de plusieurs heures chaque jour, les jeunes sont invités à observer l'agilité et l'obéissance de leurs aînés en pleine action. À deux ans, ils seront prêts pour pêcher à leur tour.

Les chemins du ciel

Zhalong est un petit village niché au milieu d'une jungle de roseaux dans la province de Heilongjiang en Mandchourie, au nord -est de la Chine. C'est aussi une étape obligée sur la route migratoire des grues à couronne rouge. Elles s'installent dans ces marais pour nidifier et élever leur couvée puis poursuivent leur périple pendant encore 2 000 kilomètres jusqu'en Corée du Nord. Un voyage millénaire opéré sous le regard pacifique des hommes qui, en raison de leur éternel retour, en ont fait le symbole de l'immortalité. Mais voilà qu'à l'heure de la Révolution culturelle, le pouvoir chinois impose d'éliminer l'oiseau de légende sous le prétexte de protéger les récoltes. Jeunes et adultes font alors l'objet d'une élimination systématique. Au début des années 1980, il ne reste plus qu'une centaine de grues. L'extinction définitive est proche. Les choses s'inversent in extremis avec la chute de Mao. Après la destruction et face à une situation consternante, le gouvernement décide en urgence de les protéger. Biologistes et villageois des environs s'impliquent, subtilisent lors des couvaisons un des deux œufs pondus généralement par les grues et les font éclore dans des couveuses artificielles. Appliquant là encore les principes de la théories de l'imprégnation expérimentée par l'éthologue autrichien Konrad Lorenz sur les oies cendrées, les hommes vont alors endosser le rôle de parents adoptifs, les nourrir, répondre à leurs cris et à leurs postures par des comportements appropriés, leur apprendre à évoluer dans les marais puis

Pour que ces oiseaux sauvages s'habituent à l'homme, ils doivent naître près de lui. Le dressage commence à cinq mois. Adultes, les oiseaux plongent dans l'eau à un signal donné. Les pêcheurs doivent souvent frapper l'eau pour les inciter à continuer de pêcher.

Konrad Lorenz, le père l'oie

C'est en observant le comportement des êtres humains et des oies cendrées, et l'élaboration des liens d'affectivité de chaque espèce, que le psychologue allemand Konrad Lorenz, pionnier de l'éthologie nouvelle, fit, en 1935, la découverte du phénomène de « l'imprégnation ». Ce processus consiste, lorsqu'on est un jeune oisillon, à s'attacher à n'importe quel objet ou être vivant dès les premières heures qui suivent la naissance. Aux expériences de laboratoires, l'éthologue préféra l'observation en milieu naturel. Toute sa vie, il partagea l'intimité, de leur naissance à leur mort, d'innombrables oies, canards et choucas, allant jusqu'à manger, dormir et se baigner avec eux. « Si je cessais, ne fût-ce qu'une demi-minute, mes mélodieux " quaîhgaigaigaig ", mes canetons allongeaient de plus en plus leurs petits cous, ce qui correspond exactement à la mine allongée d'un enfant qui a du chagrin, et si je ne me remettais pas aussitôt à cancaner, leurs pleurs éclataient bruyamment. Mon silence devait leur faire croire que j'étais mort ou que je ne les aimais plus. Mes canetons col-vert étaient donc, contrairement aux petits de l'oie cendrée, des pupilles très exigeants et fatigants ; qu'on se représente ce que peuvent être deux heures de promenade avec de tels enfants, toujours accroupi et courbé et cancanant sans interruption ! »*

Konrad Lorenz n'a pas seulement élevé des oies pour développer sa théorie de l'imprégnation. Il raconte aussi comment, en nourrissant un petit corbeau à la main, il l'avait imprégné au point qu'à l'âge adulte, l'oiseau ignorait ses compagnons et préférait parader auprès de l'éthologue.

* (Konrad Lorenz, Il parlait avec les mammifères, les oiseaux et les poissons, éd. Flammarion, 1968)

" Dans la pensée chinoise,
la grue transporte les âmes vers le paradis.
Elle est symbole d'immortalité. "

à s'envoler pour reprendre leur indépendance et les chemins du ciel. Avec une infinie patience, les hommes les invitent à battre des ailes en courant sur leurs talons. Seuls d'abord, sous les regards étonnés des oiseaux, ils détalent au pas de course en les appelant. Quelques curieux s'y aventurent, déploient des ailes de deux mètres d'envergure, puis c'est tout le groupe qui bientôt les rejoint et se met à voler derrière un homme pressé et hilare. Le moment venu des accouplements et des migrations, les rescapés recouvrent alors leur liberté et quittent le village qu'ils retrouveront l'année suivante pour venir y faire naître de nouvelles générations.

Les arpenteurs célestes

C'est l'histoire d'une aventure humaine en territoire animal. Une passion d'enfance, l'histoire de Nils Holgerson revisitée. Et un défi hors du commun pour sauver de l'extinction une espèce migratrice : l'oie naine. Depuis vingt ans, cet oiseau est en effet victime des excès de la chasse, lorsqu'il quitte sa zone de reproduction en Laponie pour partir hiverner au bord de la mer Caspienne. La plupart des oiseaux migrateurs sont guidés par des instructions innées ; chez les oies, c'est sous la houlette des parents que les jeunes découvrent les couloirs de la migration. Adultes, ils reviennent pour se reproduire là où ils ont appris à voler.

Fort de ce constat, un couple de Français, Christian et Paola Moullec ont un jour décidé de proposer aux oiseaux de nouvelles zones protégées et donc propices à l'hivernage. Avant d'en arriver là, ils ont dû d'abord se transformer en « parents-oie ». Des mois durant, ils ont éduqué la jeune couvée née en couveuse, ont communiqué avec les petits dès leur naissance par des sons et des mouvements du corps, puis les ont initiés au vol avec un ULM afin de pouvoir guider les oiseaux devenus adultes dans leur migration. Imprégnés en France, les oies ont ensuite appris à voler en Suède, condition sine qua non pour qu'elles mémorisent la réserve, reviennent hiverner dans cette zone et transmettent le lieu à leurs descendances.

Empreintes affectives

L'imprégnation est un mécanisme d'attachement qui concerne tous les êtres à un moment bien particulier de leur vie. Il existe des périodes pour permettre au cerveau d'un animal de s'adapter à son environnement et de faciliter un apprentissage donné. Une période dite « sensible » ou « critique », pendant laquelle l'organisme va synthétiser un neuromédiateur, l'acétylcholine, socle biologique de la mémoire. L'animal est alors disposé à recevoir un processus d'acquisition. Pour les oiseaux, le pic maximal de cette sécrétion s'effectue entre la treizième et la seizième heure après la naissance. Ils peuvent alors s'attacher à tout ce qui passe dans leur champ : animal, être humain ou objet. Cette période d'attachement, décrite par l'éthologue allemand Konrad Lorenz, s'exprime à des moments différents selon les espèces. C'est ce phénomène qui permet d'apprivoiser les animaux et de les socialiser à l'homme. En assistant à l'éclosion du jeune cormoran, le pêcheur chinois marque son empreinte dans le psychisme de l'oiseau, qui

Par son aptitude à revenir sur les lieux de sa naissance lors de chaque migration, les peuples asiatiques ont fait de l'oie cendrée un animal sacré, doué de fidélité et d'une vie éternelle (estampe du XVIIe siècle).

BL13

" Nous devons renoncer à la métaphore de la coupure, du fossé entre l'homme et l'animal qui nous oblige à choisir entre celui qui parle et celui qui ne parle pas, celui qui a une âme et celui qui n'en possède pas, celui que l'on peut baptiser et celui qu'on peut cuisiner. "

va en retour s'attacher très fortement à lui. Pour un chamelier et un bébé chameau récemment né, l'empreinte est plus longue à se mettre en place. Ce ne sont pas les quelques heures qui suivent la naissance qui lient l'animal à l'homme, mais les soins que ce dernier va lui dispenser pendant plusieurs semaines. Éduqué à la fois par sa mère et par l'homme, le petit pourra suivre les deux. Mais si l'on sépare trop tôt un jeune chameau de sa mère, cela peut en revanche entraîner des troubles psychiques chez l'animal. Si c'est un chien, chez qui l'imprégnation a lieu entre la cinquième et la neuvième semaine, l'animal risque de souffrir de carences affectives. Il se montrera alors particulièrement peureux, à l'affût des moindres mouvements ou déplacements de son maître, et se précipitera sur chaque visiteur ou, au contraire, refusera de sortir de la maison. Pour se développer dans les meilleures conditions, un petit doit s'attacher à un autre, et ce dernier lui présentera le monde où il doit vivre. Quand un problème altère la relation qu'un jeune doit normalement avoir avec ses parents, son développement s'en ressent, et il vit alors dans un monde mal structuré. Perdant le code d'action sur son environnement, il ne peut plus faire la différence entre ce qui est dangereux et ce qui ne l'est pas, et il finit par devenir affolé ou agité.

À être trop lié à l'homme, un animal peut aussi éprouver de violentes émotions lorsqu'il perd cette figure d'attachement. Ainsi, il n'est pas rare de voir des animaux ralentir leur activité, s'autocentrer sur leur propre corps jusqu'à le mutiler (plaie de léchage, ongles arrachés), souffrir de troubles immunitaires, perdre le sens de la perception de l'alimentation et finir par se laisser mourir de faim lorsque celui qui les nourrit habituellement est absent.

Notre imprégnation culturelle peut également modifier le psychisme des animaux. En milieu sauvage, les chiens sont relativement silencieux alors qu'à nos côtés, comprenant que notre culture passe forcément par le langage, ils aboient beaucoup, exprimant ainsi leur participation à nos échanges verbaux.

Passerelles sensorielles

La communication animale est apparue au cours de l'évolution afin de permettre aux animaux d'échanger des informations avec leur environnement. Les moyens qu'ils utilisent sont variés et se déclinent en termes chimiques, visuels, vocaux, tactiles, électriques ou comportementaux. Pour se comprendre et communiquer entre eux, l'homme et l'animal utilisent de la même manière des passerelles sensorielles reposant sur des sons, des odeurs et des signaux du corps qui composent une sorte de langage. La parole humaine possède bien entendu un fort pouvoir hypnotisant pour les animaux. Ils ne sont pas sensibles aux mots eux-mêmes et au contenu des phrases, mais à leur sonorité qui les renseignent à la fois sur notre état émotionnel et sur ce que nous attendons d'eux. Si l'on appelle son chien avec le projet de lui flanquer une volée de coups, il le percevra immédiatement au son de notre voix et n'obéira pas à l'ordre verbal. Par ailleurs, pour qu'un mot soit compris, il faut qu'il soit associé à un objet, à une action précise ou à une récom-

Ci-contre
En décidant de sauver les dernières oies naines d'Europe, Christian Moullec s'est lancé dans une fantastique aventure. Migrer avec les oies sauvages lui a demandé d'apprendre à voler avec elles. Vivre auprès d'elles dès la naissance est la première étape obligatoire.

Double page suivante
La période dite « sensible » qui permet à un animal venant de naître de s'attacher et de se situer dans son environnement est très courte. Lorsque la rencontre a lieu avec l'homme durant ce laps de temps, elle permet de tisser des liens sur le long terme.

En haut
Pour capturer la conscience d'un animal et monopoliser son attention, le son de la voix, l'odeur ou la caresse sont des passerelles sensorielles autrement plus puissantes entre un homme et un animal qu'un long discours.

En bas
Une simple contrainte posturale suffit à immobiliser un crocodile. Une technique connue depuis longtemps et fréquemment utilisée dans les cirques et les foires.

pense. Les animaux sont donc ensorcelés par notre langage mais pas seulement : ils le sont aussi dans différentes circonstances, quand ils perçoivent l'odeur, la couleur, la posture d'un autre être vivant. En Mongolie, par exemple, la chasse à la marmotte procède d'un ensorcellement particulier. Revêtu d'une combinaison blanche et d'un chapeau à oreilles de lapin, le chasseur agite un bouquet de plumes blanches qu'il tient à la main. Fascinée par ce manège, la marmotte sort de son terrier et finit par se faire tuer par le « lapin » armé. Ce phénomène fut en son temps commercialisé, et les hypnotiseurs de foire firent leur fortune en le mettant en scène par des passes et des incantations magiques au-dessus du corps de certains animaux. Par exemple, il suffit de tracer un trait blanc devant le bec d'une poule pour qu'elle soit captivée et s'immobilise ; de la même manière, une rapide contrainte posturale effectuée sur une crevette, un crocodile ou un lapin permet de pétrifier littéralement l'animal pourtant éveillé. L'hypnose s'observe régulièrement en milieu naturel. Si l'on veut paralyser un jeune goéland ou un petit lagopède, il faut émettre un signal d'alerte, comme le feraient ses parents. Ce stimulus provoque une émotion qui fige instantanément le petit, lequel se confond alors avec la couleur des rochers et échappe ainsi aux prédateurs. La sensibilité est une propriété fondamentale des animaux. C'est un échange nécessaire et banal entre un organisme et certains éléments de son milieu, auxquels il est rendu sensible et dont il est avide. Si je séduis l'autre par une sonorité, je concentre ses activités physiques et mentales pour le prendre. L'ensorcellement consiste donc pour un homme qui souhaite apprivoiser un animal à lui « faire du charme » pour s'emparer de son monde mental. Pour captiver l'animal, le sens du toucher est également un instrument efficace. C'est sans doute là le mode de communication primitif qui concerne tous les mammifères, nous y compris, puisqu'il apparaît dès la septième semaine de vie intra-utérine. La bonne stratégie consiste donc à palper ou à effleurer l'animal, juste assez pour le séduire et le soumettre sans provoquer de réaction de défense. Les objets physiques, comme l'offrande alimentaire ou le toilettage, qui autorisent le contact, sont également d'excellents moyens pour envoûter l'autre.

Charmeurs de serpents

Vénérés jadis dans l'Égypte ou adulés en Inde encore aujourd'hui, les serpents, et en particulier les cobras, ont donné aux hommes l'idée de les charmer. Ce phénomène s'est sans doute produit grâce à leur système de défense qui a toujours bouleversé les esprits : l'animal se dresse, se balance, dilate son cou et crache son venin (pour ce qui est du cobra cracheur). En période de rut, les mâles d'autres espèces qui se défient, adoptent des comportements similaires et peuvent considérer une simple branche ou un bâton comme un rival. Certains pensent d'ailleurs que la flûte du charmeur de serpent ou du joueur de rhaïta (ou ghayta), un hautbois utilisé principalement dans le Maghreb, fait office de leurre et représente pour le serpent un rival potentiel. Dotés d'une faible vision, quasiment inexistante

" L'ensorcellement, caractéristique du vivant, consiste à jeter un charme, instiller un philtre, envoûter par un chant ou un récit pour s'emparer du monde mental de l'autre. "

Charmer les serpents, symboles de la résurrection dans toute l'Antiquité, est une tradition ancienne qui reste encore très prisée de nos jours en Asie (en haut) et en Afrique du Nord (en bas).

chez certaines espèces – le mouvement est en fait privilégié sur la forme –, c'est donc la gestuelle savante du musicien qui capte l'attention du serpent et non la musique. Percevant la flûte comme un ennemi, il se dresse et suit ses mouvements pour lui faire face et contrôler la situation. Bien que dépourvus d'oreilles externes, les serpents ne sont pourtant pas complètement sourds comme on le prétend. S'ils n'entendent pas les fréquences élevées, ils sont en revanche sensibles aux basses fréquences. Leur langue permet de compenser ces déficiences. Cet organe tactile capte en permanence les signaux chimiques dispensés dans l'air ou sur le sol. Analysés ensuite grâce à un organe dit « organe de Jacobson » situé au niveau du palais, ils indiquent au serpent la position d'une proie, celle d'un prédateur ou celle d'un partenaire.

La plupart des serpents sont pourvus, en outre, d'un système sensoriel qui leur permet de détecter n'importe quelle source de chaleur (rayons infrarouges), et donc de reconnaître un être vivant, même si il fait nuit ou que ce dernier est parfaitement immobile.

Le leurre dans le monde animal

Le leurre est capable de tromper l'animal parce qu'il possède un fort pouvoir d'attraction et qu'il constitue une perception encore plus forte que la stimulation naturelle. Séduit, littéralement gouverné par ce signal, l'animal se laisse piéger sans la moindre hésitation. Alors que le crapaud est fasciné par le mouvement, qui provoque chez lui le besoin de happer, le rouge-gorge est plus stimulé par la couleur que par la mobilité : quelques plumes rouges abandonnées sur son territoire déclencheront chez lui un furieux désir de manifester son mécontentement par des trilles d'alarme, que nous analyserons dans notre monde humain comme un chant mélodieux. L'univers animal est lui-même riche en leurres de toutes sortes. Ainsi, une espèce de tortue dite « alligator », originaire d'Amérique du Nord, possède au bout de sa langue deux barbillons rouges qui ont l'apparence de vermisseaux.

*" Tout organisme est contraint à chercher
l'événement pour créer en lui une sensation de vie,
comme une fourmi qui palpe l'air avec ses antennes
ou un serpent qui s'extirpe de son panier
subjugué par l'homme qui bouge en face de lui. "*

*" Les chiens s'instruisent
tous les jours davantage.
Dans quatre ou cinq ans,
ils parleront. "*

AURÉLIEN SCHOLL

Dès qu'un poisson les voit remuer dans l'eau (le reste du corps de l'animal est à ce moment-là complètement immobile), il se précipite dessus pour le plus grand bonheur de la tortue qui le gobe. Les avocettes, qui sont des échassiers, proposent un leurre comportemental qui se manifeste lorsque la couvée est en danger. Afin d'attirer le prédateur loin du nid, l'oiseau mâle boitille et laisse pendre une aile, en somme joue les proies faciles. Lorsque le jeune coucou - espèce dont les œufs sont pondus dans le nid d'autres oiseaux afin que les petits soient élevés par ces « parents adoptifs » – ouvre grand son bec, il montre une gorge plus fortement colorée : cette dernière stimule les parents adoptifs, qui nourrissent alors l'intrus de préférence à leurs propres petits.

Des chiens à l'écoute

Lorsque l'entente est établie et vécue au quotidien, la complicité est parfois si forte entre un homme et un animal, sauvage ou domestique, qu'on a parfois l'impression qu'il y a transmission de pensée. L'animal est en fait réceptif aux signaux physiologiques qui sont le résultat d'une émotion, c'est-à-dire aux messages que véhiculent les comportements et les actions de l'homme. Il peut ainsi comprendre l'état mental dans lequel se trouve son maître et réagir en conséquence à la peur, à la joie, à la tristesse ou à l'anxiété. L'idée que l'on se fait de notre relation avec un animal, et le besoin que l'on a de celui-ci, organisent des structures affectives qui façonnent certains de ses comportements. C'est la raison pour laquelle on peut voir des chiens tomber malade à cause de l'idée que leur propriétaire se fait d'eux, particulièrement dans le cas des chiens dit de « remplacement ». Ne pouvant supporter la souffrance de la perte d'un chien et plutôt que d'en faire le deuil, le maître effondré se précipite pour acquérir un autre chien physiquement identique au disparu. Dans ces conditions, le chien n'aura pas la chance d'exister à travers sa propre personnalité puisqu'il sera comparé en permanence au précédent. Quoi qu'il fasse, il sera toujours moins bien que l'animal décédé et idéalisé. De fait, le monde sensoriel du chien n'aura pas de cohérence car, toutes les interactions entre lui et son maître seront troublées par le poids de cette comparaison. Chaque posture, sonorité, odeur ou mimique de l'homme parlera de son trouble et constituera un environnement confus où il ne pourra prendre aucune place. Pour peu que la situation se prolonge, le chien dont les émotions ne sont pas régulées par un comportement clair de l'homme, finira par souffrir d'un trouble métabolique, d'un comportement altéré ou de maladies : ulcère, dépression ou dermatose.

Les chiens sont à l'écoute de nos comportements et à l'affût de la moindre indication. La plupart d'entre eux se montrent aussi terriblement fascinés par l'idée que l'on se fait d'eux. Si nous attendons d'un chien qu'il devienne un sportif ou un être doué pour le combat, il le deviendra. Le bouledogue, qui a jadis été créé pour se battre, a été récemment redécouvert par le public comme un compagnon rustique et tranquille. Le récit social a changé et le chien s'est adapté.

L'idée que l'on a du monde matérialise les comportements du chien qui s'adapte à l'humeur et au mode de vie de son maître jusqu'à se croire humain et oublier ses instincts. Ici, seul le lapin semble s'en douter.

une molécule qui en dit long

Les phéromones, synthétisées par les glandes exocrines, sont une production hormonale. L'émission inconsciente de celles-ci renseigne l'animal sur notre humeur. Pour compléter la reconnaissance et l'analyse des molécules olfactives, certaines espèces, comme le chien et le cheval, possèdent en outre un outil supplémentaire, l'organe voméro-nasal. Situé à l'avant du palais, ce capteur transmet au cerveau des informations gustatives et olfactives. Il est ainsi capable d'identifier les hormones excrétées lors de l'émotion de peur, d'attraction sexuelle ou de répulsion.

mondes animaux et et mondes Humains

C'est la première fois dans l'histoire des hommes que l'on découvre les mondes mentaux des animaux. Nous ne pouvons plus les considérer comme des objets. En nous permettant de comprendre nos propres origines, ils nous obligent enfin à nous réconcilier avec eux.

Si les grands singes sont incapables de parler faute d'un organe vocal, ils conçoivent cependant ce mode de communication au niveau même de leur cerveau.

Dès les années 1950, des chercheurs ont enseigné à des grands singes le langage des sourds américains. Ces travaux ont eu le mérite de nous révéler que ces animaux avaient accès au contenu sémantique des mots, un héritage provenant sans doute de notre ancêtre commun. Ces études ont bouleversé les théories des linguistes ainsi que notre perception du monde animal.

En 1971, Penny Patterson, une jeune psychologue américaine, enseigna le langage des signes à Koko, une femelle gorille, dans le cadre d'une étude sur le comportement. Peu à peu, un dialogue s'est instauré, et ce qui devait être un travail de laboratoire prend rapidement la forme d'une incroyable amitié, qui perdure encore à ce jour. Peu de temps auparavant, le couple Gardner et le psychologue Roger Fouts rendront célèbre le chimpanzé Washoe et son fils Loulis. Dans leur sillage, d'autres types d'expériences ont eu lieu avec d'autres espèces, dont le bonobo Kanzi, qui, en nous ouvrant une porte sur son monde intime, en exprimant ses émotions, en créant son propre langage et en le transmettant à sa descendance, a bouleversé notre vision des choses. De telles études remettent en question nos rapports avec ces animaux et l'avenir que nous leur réservons.

D'une part, il convient de s'interroger sur la vie future de ces grands singes humanisés qui, un pied dans chaque univers, ne savent plus qui ils sont. D'autre part, se pose désormais la question de leurs droits. En effet, les parlementaires néo-zélandais étudient un projet de loi en vue de leur accorder des droits fondamentaux et un statut d'humain.

Les femmes et les grands singes

L'éthologie doit aussi beaucoup aux travaux de trois femmes qui ont été les premières à vivre en milieu sauvage pour observer les animaux : Dian Fossey, Biruté Galdikas et Jane Goodall. En 1963, Dian Fossey, alors ergothérapeute, âgée de 31 ans réalise son rêve d'enfant lors d'un voyage d'agrément en Afrique : rencontrer des gorilles. Trois ans plus tard, elle assiste à une conférence donnée par Louis Leakey, un paléoanthropologue convaincu que l'observation des grands singes peut nous aider à mieux comprendre nos origines. Sous son impulsion, elle part s'installer au Congo puis au Rwanda sans savoir encore qu'elle va vivre une étonnante aventure scientifique et humaine. Pendant des mois, elle tente de s'immiscer au sein d'un groupe de gorilles. À force de patience, sans imposer sa volonté mais en se fondant dans leur environnement et en adoptant des

Appréhender le monde des grands singes nous a permis de mieux situer la place de l'homme dans la nature et d'admettre enfin que nous partageons avec eux des comportements et des caractéristiques similaires comme l'émotion ou la conscience de soi.

" Un monde sans parole ne serait plus humain,

mais un monde sans animaux le serait-il encore ? "

Cette femme subissant les affres de la jalousie d'un singe ne sait sans doute pas que nous partageons avec nos frères d'évolution des comportements communs qui, pendant longtemps, ont déterminé la personne humaine : de l'usage des outils à l'usage de la politique en passant par la morale et la convoitise. (Jalousie ou le singe de Gaston La Touche).

comportements similaires à eux, elle réussit à installer une confiance entre elle et ces grands singes considérés encore à l'époque comme d'horribles brutes. Ses observations vont bouleverser la communauté scientifique et la questionner : qu'est ce que l'humain ? Aux réflexions sur les mystères de nos origines, Diane Fossey met aussi en lumière le drame de la disparition des gorilles sous la pression du braconnage. Un engagement qui lui coûtera la vie en 1985, l'année où elle fut assassinée.

Il y a trente ans, Biruté Galdikas, alors jeune étudiante canadienne, s'embarqua elle aussi, à la demande de Louis Leakey, pour une autre destination : l'Indonésie. Objectif : étudier les orangs-outans de Bornéo que l'on appelle aussi « les hommes des bois ». Quant à Jane Goodall, au même âge que ses consœurs et sous la houlette du même homme, elle rejoint les chimpanzés sur les rives du lac Tanganyika à Gombé. Elle découvre bientôt que ces grands singes se servent d'outils et inhibent l'inceste, une révélation que les scientifiques de l'époque refuseront pendant longtemps de prendre au sérieux. Ces femmes, tout comme Shirley Strum étudiant les babouins et bien d'autres encore, participeront à révolutionner l'étude des primates. D'abord, en considérant les animaux comme des êtres dotés d'une individualité et d'une personnalité. Ensuite, par leur méthode de travail sur le terrain. En effet, les femmes ne provoquent pas l'inquiétude ou l'agressivité des animaux observés mais au contaire, la curiosité voire l'indifférence, ce qui leur a permis de collecter des informations essentielles. Toutes apprendront véritablement à communiquer avec leurs « sujets d'étude » et à tisser avec certains de véritables liens d'amitié.

Un animal doué de raison

La vision que l'on peut avoir du monde animal varie d'une culture et d'une époque à l'autre. Alors que les peuples traditionnels vivant en harmonie avec le monde animal possèdent depuis des millénaires une grande connaissance des animaux, l'occident s'étonne de découvrir aujourd'hui un univers passionnant qu'il n'avait finalement jamais voulu aborder autrement qu'avec des idées préconçues. C'est seulement depuis une trentaine d'années que l'on sait explorer les mondes mentaux des animaux. Jusque-là, nous ignorions les bêtes pour mieux les exploiter et les réduire en esclavage. Elles étaient considérées comme des créatures inférieures à l'« homme-élu » depuis que des scientifiques, des penseurs et des religieux, dès l'Antiquité, les avaient envisagées comme telles. Pendant des siècles, les animaux n'ont été qu'une interprétation, un éprouvé humain, un déclencheur d'impression. Ils symbolisaient l'idée qu'on s'en faisait : les lions étaient des rois, les fourmis de folles laborieuses, le renard un fieffé rusé, le singe un être forcément lubrique. Et puis, les esprits et les techniques ont évolué. D'abord avec les travaux des grands naturalistes des XVIIIe et XIXe siècles comme le Suédois Carl von Linné (1707-1778), le Français Georges-Louis Leclerc de Buffon (1707-1788) et bien entendu l'Anglais Charles Darwin (1809-1882) qui, fort de sa théorie de l'évolution, bouleversa

Dans le sillage des grands naturalistes du XIXe siècle, les primatologues comme l'Anglaise Jane Goodall ont contribué à transformer notre regard sur le monde des grands singes.

conversation avec un perroquet

Il est courant d'évoquer les performances des singes à qui l'on a enseigné l'usage d'un langage symbolique pour correspondre avec l'homme. C'est oublier les capacités de certains oiseaux dont quelques-uns ont été rendus populaires (comme Alex, un perroquet du Gabon) par la célèbre éthologiste et psychologue américaine Irène Pepperberg. Dans les années 1960, la jeune femme suit avec intérêt le début des travaux sur l'apprentissage du langage chez les grands singes. Toutefois, elle s'étonne que l'on ne porte aucun intérêt aux oiseaux capables de parler. Pepperberg découvre alors les travaux d'un chercheur allemand, Diemar Todt, qui a mis au point un enseignement particulier. En face de l'oiseau, deux humains jouent le rôle de l'élève et du maître. Le premier interroge le second sur un objet et le récompense lorsque la réponse prononcée est positive. En cas d'échec, l'élève est réprimandé. Le perroquet observe puis très vite intervient, devance la réponse de l'humain et répond à sa place en prononçant lui-même le bon mot. C'est ainsi qu'Irène permit à Alex de verbaliser ses émotions, d'identifier des couleurs, de compter et même de communiquer par ce langage avec un autre perroquet.

Après avoir collectionné les animaux pour leur seule beauté, nous découvrons à présent qu'ils sont capables de penser. Et ce constat va bouleverser nos vies. (La femme au perroquet *de Georges Bottini.)*

" La découverte des animaux va créer de nouveaux rapports avec eux, on ne pourra plus les massacrer ou les utiliser comme on le faisait avant. Notre relation avec les animaux ne peut que changer au cours du troisième millénaire. "

complètement les esprits en démontrant les origines communes de l'homme et de l'animal Au début des années 1930, Jakob von Uexküll, un biologiste allemand (1864-1944), éclaira d'un jour nouveau la psychologie animale (science étudiant les processus d'acquisition des comportements) en développant l'idée que les animaux sont des sujets et qu'ils habitent un univers qui leur est propre. Il instaure le « concept d'Umwelt », qui traduit la manière dont l'animal perçoit son milieu, chaque espèce possédant ses propres performances perceptives. Si une mouche peut percevoir les ultraviolets, bien utiles dans son environnement, elle n'a pas cependant la maîtrise des variations thermiques (comme le reptile) qui lui permettrait de localiser une proie, ni la faculté de détecter les infrasons (comme les chauves-souris, les pigeons ou les éléphants). Aujourd'hui, grâce aux techniques modernes (caméra à positon, IRM) permettant de « visiter » le cerveau des animaux (sans manipulations sanglantes) et aux études comportementales sur le terrain, on a découvert que les animaux ne sont pas privés d'états mentaux, comme nous le supposions jusqu'alors, et sont au contraire des êtres complexes dotés de représentations qui leur sont propres et de capacités aussi variées qu'il existe d'espèces animales. Découvrir et comprendre les mondes mentaux des bêtes a bouleversé l'idée que nous nous faisions de la place de l'homme dans le vivant.

L'étude des comportements

Quand bien même l'éthologie (du grec êthos, mœurs, et logos, discours) trouve ses origines au XVIIe siècle et se définit alors comme « la science historique des mœurs et des faits moraux », cette science des comportements se développera avec les travaux de Konrad Lorenz, de Nikolaas Tinbergen et de Karl von Frisch dans les années 1950. Ce domaine de recherche a depuis maintes fois confirmé la théorie du naturaliste Darwin : il existe bel et bien une continuité entre les êtres vivants. Précisément, tout l'enjeu de l'éthologie réside dans le fait de démêler les analogies sans risquer de confondre nature humaine et nature animale. Il n'est pas question de soutenir que le comportement social de la marmotte relève du comportement social des humains. Il s'agit même de suivre la démarche inverse. L'éthologie s'intéresse à des comportements globaux qui caractérisent les êtres vivants : les conflits, le maternage, la sexualité. Elle étudie le répertoire comportemental qui caractérise l'espèce et sa manière de vivre dans un milieu donné. L'éthologue va sur le terrain, observe l'animal dans son existence et se laisse imprégner par la vie naturelle jusqu'à ce qu'apparaisse une situation qui suscite le questionnement et fasse évoluer les théories et les idées reçues. C'est ce qui permet aujourd'hui de dire que la conscience de soi, l'outil, la bipédie, la chasse, le tabou de l'inceste, les traditions, le rire, le jeu, la souffrance, la morale, le sens de la famille, toutes ces conquêtes qui jadis ont servi à distinguer l'humain de l'animal ne sont plus désormais le propre de l'homme.

Des animaux bavards

Les animaux sont plus bavards qu'on ne le pense, et les moyens utilisés pour communi-

Ci contre
En Inde, un éléphant et un cornac peuvent vivre ensemble toute une vie. Avec le temps s'installent une confiance et une complicité totales.

À droite
Les éléphants sont sensibles aux ordres comme aux caresses de leurs cornacs. Ils sont réceptifs aux messages que véhiculent les comportements, les postures, les odeurs et le son de la voix de l'homme. Il peut ainsi comprendre l'état émotionnel dans lequel se trouve son maître.

le langage des dauphins

Sous l'eau, le son porte plus vite et plus loin que dans l'air. Les dauphins, dépourvus de cordes vocales, utilisent l'air de leurs poumons pour faire vibrer leur larynx et produire des sifflements et des grincements. Grâce à des sacs aériens situés au niveau du conduit nasal, ils émettent aussi d'autres sons de haute et basse fréquence. Cet ensemble de formes acoustiques leur permet de communiquer. Aujourd'hui, des chercheurs tentent non seulement de décoder ces sons mais cherchent également à mettre au point un langage commun de sifflements semblables à ceux des dauphins pour envisager une communication interespèce.

quer entre eux, ou avec nous, sont incroyablement variés. Car si l'homme est doté d'un langage élaboré, les animaux peuvent, eux aussi, utiliser toutes sortes d'indices et de signaux et même de symboles pour se faire comprendre : indices olfactifs, signaux posturaux, symboles de cris ou d'images. notamment les vocalises. Lorsque la communication est particulièrement difficile, en raison d'un milieu physique qui ne permet pas aux animaux de se percevoir visuellement ou de s'identifier par l'odeur, le moyen le plus efficace passe par le son. Ainsi, dans des colonies de plus de 1 million d'oiseaux, les manchots localisent leur partenaire ou leur descendance par leur identité acoustique. Si l'on bouche les oreilles des animaux avec de la cire, les membres d'une même famille peuvent parfaitement se croiser sans se reconnaître. Les hautes et les basses fréquences produites par les baleines ou les éléphants, inaudibles par l'homme, ont pour fonction, comme une sorte de colle affective, d'assurer la cohésion et la coordination du groupe lors des déplacements saisonniers, dont la distance d'un groupe à l'autre peut atteindre plusieurs centaines de kilomètres. Chez les cétacés, mais aussi chez les primates, les loups et les oiseaux, chaque groupe possède une signature acoustique personnalisée, sorte de dialecte régional, et tous les membres d'un clan s'identifient et échangent par ce biais des informations sur leur environnement ou sur leur état émotionnel.

Communiquer par les rythmes

Michel André est biologiste au Centre de recherche sur les mammifères marins de l'université de Las Palmas de la Grande Canarie, en Espagne. Depuis plus de dix ans, cet homme écoute les conversations des dauphins et des cachalots, et porte intérêt à la manière dont les membres d'un même groupe peuvent communiquer entre eux par les sifflements et les clicks qu'ils produisent. Là où certains ne perçoivent qu'une invraissemblable cacophonie, il se surprend un jour à découvrir au contraire une incroyable cohérence rythmique. L'organisation sociale et les humeurs de chacun des mammifères marins sont clairement définies, et tous les membres d'un clan s'accordent sur le tempo et la signature acoustique du leader. La découverte est de taille, mais Michel André n'en reste pas là. Le biologiste décide en effet de croiser ses recherches avec l'étude des rythmes musicaux africains, base d'une communication rigoureuse d'un village à l'autre grâce aux tambours. Aussi extraordinaire que cela puisse paraître, les rythmes des instruments permettent en effet d'échanger des histoires et des informations entre groupes de villageois. Dirigés par un « maître-tambour », l'eurythmie révèle non seulement la vie sociale mais aussi l'identité, l'humeur et l'âge de chacun des « musiciens », hommes, femmes et enfants. Le biologiste a alors l'idée de faire écouter un enregistrement des clicks des cétacés à un « maître-tambour ». Quelle ne fut pas alors la surprise du chercheur d'entendre ce dernier lui décrire, à propos de l'identification sociale des dauphins et des cachalots, ce que lui-même avait mis des mois à comprendre à la faveur d'un outillage sophistiqué. Une étude qui ouvre des perspectives et

En Crète comme en Grèce, le dauphin incarnait la renaissance spirituelle, et l'on vouait à l'animal réel un grand respect. Une légende raconte qu'un musicien grec, Arion, attaqué par des pirates à bord d'un navire, se mit à jouer de la lyre avant de plonger, désespéré, dans les flots. Attirés par le rythme, des dauphins l'empêchèrent de se noyer et l'escortèrent ensuite jusqu'à la terre ferme.

Double page suivante

Cet homme et ce pélican, en pleine « conversation », sur les bords d'un fleuve pakistanais, ont développé un langage fait de sons, de gestes, de postures. Cette communication renforce les liens d'attachement.

" À l'origine, on a imité certains cris d'animaux pour en faire un code de communication. Certains linguistes pensent que la première manifestation du langage humain a dû se placer entre le miaulement nocturne d'un chat amoureux et les chants d'amour du rossignol. "

suscite le questionnement. Se pourrait-il qu'il existe une forme rythmique commune entre les hommes et les animaux qui remonterait aux origines ? Et peut-on imaginer par ce biais réaliser l'un des rêves les plus vieux de l'humanité : communiquer avec le monde animal ? En respectant le rythme codé qui convient à une espèce, il est en effet possible pour un homme de « communiquer » avec elle, insecte y compris. Reste maintenant à comprendre le contenu de la conversation !

Musique animale

Au-delà des formes sonores analogues - rythmes, mélodies, refrains – l'étude des chants des oiseaux met en évidence des convergences avec les musiques humaines. Comme l'homme, l'animal joue avec les sons. L'oiseau, comme par exemple la baleine – ou le compositeur humain ! – constitue son propre répertoire puis le complète et le remet à jour régulièrement. En décryptant la musique des oiseaux pour les incorporer dans ses œuvres, François Bernard Mâche, compositeur et zoomusicologue français (étude de la musique animale), a établi des analogies frappantes avec la musique humaine, comme par exemple entre le rythme et la répétition chez les tourterelles pleureuses ou chez les grands ducs tachetés et ceux des tambours kakko dans le gagaku japonais, ou entre les mantra védiques et certains cris animaux. Selon lui, « la musique est une forme de vocalisation proche des trilles des animaux, d'où l'on peut imaginer que le langage s'est développé à partir de ce fonds commun en se spécialisant pour la communication ». Les légendes ne racontent-elles pas d'ailleurs que le son puis les chants et les rythmes sont nés de la nature pour permettre aux hommes de communiquer ? Étudier cas la communication chez les animaux nous a permis de mieux comprendre la linguistique humaine et le pouvoir de la parole dans le monde humain. Le déroulement de l'apprentissage du chant d'un jeune oiseau, qui apprend en écoutant ses parents et commet des fausses notes, est par exemple très similaire aux étapes du babil de l'enfant dans les premiers mois de sa vie. De la même façon, constater que les singes, à qui l'on a appris le langage des signes des sourds, peuvent communiquer avec l'homme, nous prouve désormais qu'il existe non seulement une pensée sans parole, mais aussi d'autres canaux de communication que celui du verbe.

Une histoire d'amitié

« Quelles différences y a-t-il entre l'attitude du chimpanzé qui caresse son compagnon victime d'une agression, ou qui partage sa nourriture avec un autre affamé, et celle d'un être humain qui prend dans ses bras un enfant en train de pleurer ou qui participe bénévolement à la distribution de la soupe populaire ? », s'interroge le primatologue Frans de Waal. L'amitié aurait-elle pris sa place au cours de l'évolution au même titre que d'autres conduites, comme la vie en société ou les soins parentaux ? Dans le règne des espèces qui ont un système nerveux simple, comme les escargots ou les poissons, l'attachement est relativement modéré.

Il y a une attirance vers l'autre qui correspond à des signaux attractifs chimiques,

Ci-contre
Autrefois, dans le delta du Mekong, les hommes pêchaient avec les loutres. Bien qu'elles ne soient plus utilisées aujourd'hui, d'incroyables amitiés entre elles et les hommes continuent de naître.

À droite
Ce sage et ce singe semblent se parler. Ils nous invitent à penser qu'on ne tourne pas le dos à l'homme si l'on se rapproche de l'animal...

AFIVS
PAT

" Dès les premiers mois de notre vie, les rencontres avec les animaux deviennent des événements intenses presque magiques. "

tactiles ou visuels. L'animal répond à des stimulations. En revanche, dès que l'on est en présence d'un animal possédant un système nerveux plus complexe (oiseau ou mammifère), avec un lobe préfrontal associé aux circuits de la mémoire, l'attachement peut se manifester pour un autre congénère en dehors même des parades sexuelles. L'animal répond à ce qu'il se représente, et non plus à ce qu'il perçoit. Dans ses représentations mentales, nous correspondons à une image qui le trouble fortement. Le processus que nous appelons « amitié » se met en place. On peut ainsi constater des attachements extrêmement forts entre un homme ou un enfant et un animal et l'on dira qu'il s'agit d'amitié.

« Si l'amitié comme fin en soi, celle qui n'est pas susceptible de dépérir avec le déclin de l'intérêt qui lui a donné corps, est la seule véritablement éthique, alors l'amitié avec l'animal y répond par excellence, souligne la philosophe Florence Burgat. Elle est comme indéfiniment neuve, toujours recommencée. »

L'univers des enfants

Dès le début de notre aventure intellectuelle et affective, les animaux peuplent notre univers mental, ils instruisent notre manière de voir le monde et nous sécurisent. Les premiers mots d'un enfant, quelle que soit sa culture, sont les équivalents dans sa langue des mots « maman », « papa », « ouah, ouah ! », etc. Au cours des premières années de la vie, près de la moitié des rêves enfantins mettent en scène des animaux (cette quantité tombe en dessous de 7 % à 18 ans). Les échanges entre les petits et les bêtes s'expriment généralement par des contacts tactiles et des odeurs. À ce stade, l'enfant considère l'animal comme son égal, au point d'imiter sa gestuelle et ses cris. Il représente le confident des joies et des chagrins, le partenaire idéal pour partir à la conquête du monde. La présence de l'animal le rassure, provoque l'envie de s'investir dans une relation d'échange et induit le respect de l'autre. Elle le stimule sensoriellement, l'aide à surmonter les contradictions auxquelles il peut se heurter dans le monde des adultes et participe à le familiariser avec quelques grandes étapes de la vie comme la naissance ou la mort. Les relations entre un enfant et un animal sont généralement faciles parce qu'elles ne sont ambivalentes ni pour l'un ni pour l'autre. La bête ne juge pas l'enfant. Dans un environnement humain, on s'aime mais on se dispute aussi très facilement. Avec les animaux, c'est beaucoup plus clair : si on a peur de l'autre, on se fuit mais si l'on s'aime, on peut s'aimer de manière très pure. De plus, les postures de l'enfant ne sont pas traduites comme des agressions par l'animal. Alors qu'un adulte regardera fixement le chien ou le cheval en s'avançant droit vers lui, l'enfant va dodeliner de la tête, rentrer les épaules, s'accroupir et moduler doucement des sons apaisants qui ne vont susciter aucune inquiétude chez l'animal. La complicité avec un animal développe également chez l'enfant qui a subi des traumatismes psychiques ou physiques, un véritable lien d'amour, une relation de confiance, une porte ouverte sur le monde extérieur. Tout cela participera au désir de l'enfant de s'investir dans une relation fondée sur l'échange.

À toutes les époques (en bas à droite, fillette avec un chat datant du XIe siècle), les animaux ont peuplé la vie des enfants. Il semblerait que l'enfant et l'animal partagent un code secret. Toutefois, plus l'enfant grandit, moins il s'identifie aux animaux.

épilogue

la Réconciliation

Les bêtes ont sans aucun doute participé à la condition humaine et nos destins restent intimement liés. Maintenant que nous découvrons les animaux comme des individus et non plus comme des machines ou des idoles, il va bien falloir les côtoyer d'une autre manière. De fait, les repères confortables qui ont été les nôtres pendant des siècles, validés par des théories répétées en boucle, sont remis en question. Et ce sont ces perspectives qui dessinent désormais l'avenir : si les animaux ne sont plus des outils, que devient notre légitimité à les exploiter ? En niant le respect de la vie animale, n'avons-nous pas d'ailleurs, en maintes occasions, manqué de recul par rapport à la portée même de nos actes sur l'homme ? « Repenser le propre de l'homme nécessite de faire la paix avec l'animal » nous dit le philosophe Dominique Lestel. Curieusement, ce qui nous semble à nous, Occidentaux, comme une révélation, voire une leçon d'écologie, a toujours été pour de nombreux peuples traditionnels une évidence et un art de vivre.

Sur cette notion à la fois si simple et si profondément essentielle, ils ont posé les bases de leurs sociétés, se sont organisés en harmonie avec la nature en la considérant comme une entité parfaitement autonome et non comme une planète étrangère à conquérir pour mieux l'asservir. Ce sont l'expérience de ces populations, leurs relations entretenues avec les animaux et avec leur environnement, combinées avec les découvertes scientifiques, qui doivent nous apporter la clef pour nous réconcilier avec le monde animal sans tourner le dos à l'homme. Ceux qui ne supporteront pas cet incroyable bouleversement et ces nouvelles connaissances retourneront aux croyances antérieures, plus gratifiantes pour leur narcissisme. Les autres tenteront la poursuite de cette aventure scientifique et humaine, et permettront de soulever d'étonnantes questions venues du monde animal.

bibliographie

DES MÊMES AUTEURS

Ouvrages de Boris Cyrulnik

Mémoire de singe et paroles d'homme, Hachette, 1983.

Sous le signe du lien, Hachette, 1989.

Naissance du sens, Hachette, 1991.

Les Nourritures affectives, Odile Jacob, 1993.

De l'inceste (avec Françoise Héritier et Aldo Naouri), Odile Jacob, 1994.

L'ensorcellement du monde, Odile Jacob, 1997.

Si les lions pouvaient parler (direction), Quarto Gallimard, 1998.

Un merveilleux malheur, Odile Jacob, 1999.

La plus belle histoire des animaux (avec Pascal Picq, Jean-Pierre Digard et Karine Lou Matignon), Le Seuil, 2000.

Les Vilains Petits Canards, Odile Jacob, 2001.

Ouvrages de Karine Lou Matignon

L'Animal objet d'expériences (entre l'éthique et la santé publique), Anne Carrière, 1998.

La plus belle histoire des animaux (avec Pascal Picq, Jean-Pierre Digard et Boris Cyrulnik), Le Seuil, 2000.

Sans les animaux le monde ne serait pas humain, (préface de Boris Cyrulnik. Prix 30 millions d'amis), Albin Michel, 2000.

L'homme et le cheval : première rencontre (collectif sous la direction de Jean-Louis Gouraud), Phébus, 2001.

AUTRES OUVRAGES

Angier, *Éloge de la bête*, Arléa, 1995.

Jean-François Bouvet, *La stratégie du caméléon, de la simulation dans le monde vivant*, Le Seuil, 2000.

Jim Brandenburg, *Avec les loups*, Nathan, 2000.

Michèle Le Braz, *Regards sur soies*, Rue des Scribes éditions, 2000.

Rémy et Bernadette Chauvin, *Le monde des oiseaux*, éditions du Rocher, 1996 ; *L'énigme des abeilles*, éditions du Rocher, 1999.

Yves Christen, *Le peuple léopard*, Michalon, 2000.

Claude Combes et Charles Guitton, *L'homme et l'animal, de Lascaux à la vache folle*, Pour la Science, 1999.

Élisabeth de Fontenay, *Le silence des bêtes, La philosophie à l'épreuve de l'animalité*, Fayard, 1998.

Joëlle de Gravelaine, *La déesse sauvage, Les divinités féminines*, Dangles, 1993.

Jean-Pierre Digard, *Les Français et leurs animaux*, Fayard, 1999 ; *Des chevaux et des hommes* (direction d'ouvrage), Favre, Lausanne, 1988 ; *L'homme et les animaux domestiques, anthropologie d'une passion*, Fayard, 1990 ; *Le cheval force de l'homme*, Gallimard, coll. Découvertes, Paris, 1994 ; *Le cheval, romans et nouvelles* (en collaboration avec Jean-Louis Gouraud), Omnibus, 1995.

Benoît Duteurtre, *À propos des vaches*, Les Belles Lettres, 2000.

Roger Fouts, *L'école des chimpanzés*, J.-C. Lattès, 1998.

Jean-Louis Gouraud, *Célébration du cheval, les plus beaux textes et poèmes*, Le Cherche-Midi, 1995 ; *Serko*, Favre, 1996 ; *Ganesh* (roman), Favre, 1999 ; *Riboy*, OptiPress, 1999 ; *le Cheval* (textes choisis), col. Le bestiaire divin, dirigée par Jean-Louis Gouraud, Favre, 1999 (on trouve également dans cette même collection *Le chien, L'escargot, La fourmi, La vache, Le rat, Le requin* et *L'hippopotame*).

Donald Griffin, *La pensée animale*, Denoël, 1988.

Roberte Hamayon, *La chasse à l'âme, esquisse d'une théorie du chamanisme sibérien*, Société d'Ethnologie, 1990.

Dominique Lestel, *Paroles de singes : l'impossible dialogue hommes-primates*, La Découverte, Paris, 1995.

Konrad Lorenz, *Essai sur le comportement animal et humain*, Le Seuil, 1970.

Hubert Montagner, *L'enfant, l'animal et l'école*, ouvrage collectif, Bayard.

Christian Moullec, *Voler avec les oies*, Ouest France, 2000.

Patrick Pageat, *L'homme et le Chien*, Odile Jacob, 1999.

Pascal Picq, *Aux Origines de l'humanité : le propre de l'homme*, direction d'ouvrage avec Yves Coppens, Fayard, 2001 ; *Les origines de l'homme*, Tallandier, 1999.

Jacqueline Roumeguère-Eberhardt, *Quand le python se déroule*, Robert Laffont, 1988.

crédits photographiques

© AKG pp. 21, 48 (h.), 176 (b. à g.)
© AKG/Erich Lessing pp. 83 (b.), 171
© Archives Larousse-Giraudon pp. 138-139
© Artephot / A. Brumaire p. 14 (b.)
© Artephot / T. Lafranchis p. 16
© Artephot p. 138 (h.)
© Bios/JMC p. 169
© Bios/Munoz Juan Carlos p. 55 (b. à g.)
© Christian Moullec p. 152 (h. et b.)
© Collection Musée de l'Homme pp. 23, 43, 47, 79
© Corbis sygma pp. 58-59, 80, 81
© Corbis Sygma/G. Forest p. 13
© Corbis Sygma/Jacques Langevin p.42
© Corbis Sygma/Michael S. Yamashita p. 156 (h.)
© Corbis Sygma/Thierry Pratt pp. 82, 83 (h.)
© Explorer Mary Evans pp. 95, 97 (h.et b.)
© Explorer/ J.-L. Charmet pp. 120, 133
© Explorer/Mattes pp. 32-33
© Explorer/Olivier Gahersek pp. 130-131
© Frédéric Fougea pp. 63, 145, 147
© G. Dagli Orti pp. 18-19, 24, 26-27, 36-37, 39 (h.), 56, 72, 92, 93, 100, 100-101, 102-103, 121, 141, 176 (b. à d.)
© Gamma pp. 118-119
© Gamma/ Éric Brissaud p. 139 (b.)
© Gamma/Franck Spooner p. 165
© Gamma/Gilles Santantonio p. 129
© Gamma/Ian Turner p. 163
© Gamma/Patrick Aventurier pp. 61, 168
© Gamma/Saola pp. 6, 107 (d.), 172-173
© Gauthier Flauder pp. 140, 143
© Giraudon p. 31 (h.)
© Hachette pp. 89 (h.), 134 (d.), 161
© Hoa-Qui, Richard Manin pp. 108-109
© Hoa-qui/M.Renaudeau p. 34
© Jacana/Brunet p. 57
© Jacques Malaterre pp. 41, 174
© Jean-Louis Gouraud pp. 14-15 (h.)
© Jérôme-Cécil Auffret pp. 11, 48 (b.), 50, 105, 154-155
© Keystone/L'illustration p. 31 (b.)
© Magnum/Bruno Barbey p. 39 (b.)
© Magnum/Erwitt Elliott p. 176 (h.)
© Magnum/Harry Gruyaert p. 67 (h.)
© Magnum/Henri-Cartier Bresson p. 67 (b.)
© Marc Garanger pp. 44-45, 66
© Philippe Molins pp. 54-55 (h. et b. à d.)
© Rapho /Briolle p. 71 (h.)
© Rapho/Christian Monty p. 71 (b.)
© Rapho/F. Le Diascorn pp. 123, 156 (b.), 158-159 (h.)
© Rapho/Gérard Sioen pp. 4-5, 68-69, 127
© Rapho/Jean-Marc Zaorski p. 122
© Rapho/R. & S. Michaud pp. 65, 107 (g.), 111 (h.), 117 (h.), 125, 158 (b.), 175
© RMN pp. 53, 89 (à d. au c. et b.), 137, 167
© RMN/Arnaudet p. 76
© RMN/C. Jean p. 134 (g.)
© RMN/Chuzeville p. 34 (b.)
© RMN/Gérard Blot pp. 90-91, 99, 150
© RMN/Hervé Lewandowski pp. 75, 89 (b. à g.), 94, 114, 117 (b.), 164
© Roger-Viollet pp. 51, 111 (b.), 112-113, 149
© Yann Layma pp. 85, 86-87

édition : **Joan Le Boru**
iconographie : **Nathalie Chapuis**
responsable artistique : **Nancy Dorking**
création graphique : **Agnès Boulmer**

photogravure : **Quadrilaser**
achevé d'imprimer sur les presses de **Mame** à Tours
dépôt légal : 18856, janvier 2002
ISBN: 2.84.277368.3
34/1530/4-04